【中国传统家文化系列】

# 中国家教

ZHONGGUO JIAJIAO

王爽　裴颖◎编著

海南出版社
·海口·

**图书在版编目(CIP)数据**

中国家教 / 王爽,裴颖编著. 一海口：海南出版社,2021.5

(中国传统家文化系列 / 王爽主编)

ISBN 978-7-5443-9869-5

Ⅰ. ①中… Ⅱ. ①王… ②裴… Ⅲ. ①家庭道德一中国 Ⅳ. ①G78

中国版本图书馆 CIP 数据核字(2021)第 062873 号

**中国家教**

| | |
|---|---|
| 编　　著 | 王　爽　裴　颖 |
| 责任编辑 | 周　毅 |
| 封面设计 | 陈志鹏 |
| 出版发行 | 海南出版社 |
| 地　　址 | 海口市金盘开发区建设三横路 2 号 |
| 邮　　编 | 570216 |
| 网　　址 | http://www.hncbs.cn |
| 开　　本 | 710 mm×1000 mm　1/16 |
| 印　　张 | 13.5 |
| 字　　数 | 170 千字 |
| 版　　次 | 2021 年 5 月第 1 版　2021 年 5 月第 1 次印刷 |
| 经　　销 | 新华书店 |
| 印　　刷 | 三河市祥宏印务有限公司 |
| 书　　号 | ISBN 978-7-5443-9869-5 |
| 定　　价 | 48.00 元 |

(本书如有印装质量问题,影响阅读,请直接与承印厂联系调换)

# 前　言

家庭教育是人生教育的基础和起点，具有不可替代性。习近平总书记曾经指出：“家庭是人生的第一个课堂，父母是孩子的第一任老师。孩子们从牙牙学语起就开始接受家教，有什么样的家教，就有什么样的人。家庭教育涉及很多方面，但最重要的是品德教育，是如何做人的教育。”人在家庭中诞生，在家庭中成长，进入学校乃至进入社会后，家庭教育依然发挥着重要的作用。

中国自古以来就十分重视家庭教育，认为“子孙贤则家道昌盛，子孙不贤则家道消败”。中国历史上出现过很多杰出的人物，追寻他们的成长足迹，不难发现，他们的成功都与接受过良好的家庭教育密切相关。周公告诫侄子周成王“天子无戏言”；司马谈指导儿子司马迁“年十岁则诵古文”，到二十岁壮游天下；陶母责备儿子陶侃“汝为吏，以官物见饷，非唯不益，乃增吾忧也”；房彦谦笑谓儿子房玄龄“人皆因禄富，我独以官贫。所遗子孙，在于清白耳”；岳母勉励儿子岳飞“勉事圣天子，无以老媪为念也”。周成王、司马迁、陶侃、房玄龄、岳飞等杰出的历史人物，也正是在长辈的言传身教下，积极汲取人生智慧和价值理念，为自己的光辉一生打下了良好的品德基础与文化基础，最终成长为对国家、对社会、对人民有用的人。

中国古人在几千年来的家庭教育实践中，积累了丰富的家庭教育经验，形成了以身作则、循序渐进、因材施教、慈严结合、重视早教、关注环境等行之有效的教育理念。不少家教故事至今仍闪烁着智慧的光芒，对中国现代家庭教育有着积极的借鉴意义。值得注意的是，家庭教育一般指的是父母或其他年长者对后辈的教育，但从更广泛的意义来讲，家庭教育既有长辈对晚辈的教导和训诫，也有晚辈对长辈的几谏和劝导，还有同辈人之间的规劝与鼓励，所有的家庭成员都在良性的互动影响中共同成长和进步。

本书精选了中国历史上336个脍炙人口的家教故事，内容涉及“爱国”“公廉”“勤俭”“仁善”“谨慎”“谦让”“诚信”“明智”“敬业”“齐家”“师友”等多个方面。我们真诚地希望读者能在轻松愉悦的阅读过程中，汲取古人治家育人的经验与智慧，使家庭成为所有家庭成员健康成长的乐园。

# 目　录

## 爱国　忠而能勇，一心为国



## 公廉　公则生明，廉则生威

## 勤俭　勤则不匮，俭以养德

## 仁善　扶危济困，尚德崇善

## 谨慎　守礼遵法，谨言慎行

## 谦让　貌贵温恭，心贵谦下



## 诚信　待人以诚，光明磊落



## 明智　洞察事理，通达人情

## 敬业　忠于职守，笃学不倦

## 齐家 家庭和睦,万事乃兴

## 师友　尊师重教，以友辅仁

# 爱国

## 忠而能勇，一心为国

爱国主义是中华传统家庭教育的核心主题。基于“家国同构”的文化传统，古人极为重视涵养子孙的爱国情怀，教育子孙立爱国之志，成报国之才。中国历史上出现了很多为国家“抛头颅、洒热血”的爱国英雄，如岳飞、文天祥等，他们早年几乎都受过爱国主义教育。在中华民族爱国主义精神的形成中，家庭教育发挥了极为重要的作用。

## ◎王孙贾母勉子护君

王孙贾是战国时期齐闵王的侍臣。公元前 284 年，燕昭王任命乐毅为上将军，率领五国联军攻打齐国。乐毅势如破竹，一举攻下齐国 70 余城。齐都临淄被攻破后，齐闵王仓皇出逃。楚顷襄王派将领淖齿率军援救齐国，齐闵王任命淖齿为相。但淖齿不仅无心救齐，还想和燕国一起瓜分齐国，就在莒地杀掉了齐闵王。王孙贾当时还是个 15 岁的少年，因为不知道齐闵王的去向，就返回家中。他的母亲问明原因后对他说："你早晨出去晚上还没回来，我就倚着家门盼你回来；你晚上出去迟迟不回家，我就倚着里门等你回家。你现在侍奉国君，国君却不知踪迹，你怎么还回来呢？"王孙贾听了母亲的话很惭愧，就多方打听齐闵王的下落。得知齐闵王已经被淖齿杀害，王孙贾非常悲愤，就跑到街市上大喊："楚将淖齿在齐国作乱，杀死了我们的国君，有愿意和我一起讨伐淖齿的，就露出右肩！"不一会儿，竟有四百多人响应跟随，他们成功杀掉了淖齿。

## ◎寇恂教甥为国退让

寇恂是东汉开国名将，"云台二十八将"之一。寇恂出身于世家大族，原是新朝上谷功曹，后与耿弇一起投奔光武帝刘秀。建武二年(26)，他担任颍川太守时，执金吾贾复的一名部将杀了人。寇恂秉公执法，将那个部将逮捕，并在街市上斩首示众。当时刘秀称帝不久，国家的各项制度还不太完善，军人触犯法律后大多受到包庇，不会被处死。贾复对此事深感羞耻，在途经颍川时对手下说："我和寇恂都是将帅，如今却被他陷害。大丈夫难道有被人欺负却不敢与他一决高低的吗？我今天见到寇恂，一定要亲手杀了他！”寇恂得知此事后，不想和贾复相见。寇恂的外甥谷崇以为他害怕贾复，便对他说：“舅舅不要担心，外甥身为武将，可以佩剑在您身旁侍奉。如果有什么变故，我完全可以和他对抗。”寇恂对外甥说：“不是这样的。战国时期，赵国上卿蔺相如不怕秦王，却对廉颇将军委曲求全，完全是为了国家啊！连小小的赵国都有人懂得这样的道理，我怎么可以忘记呢？”寇恂于是命令下属各县为贾复手下的每位将士提供双量的酒食。等到贾复的部队进入颍川，寇恂便出城到大道上迎接，不一会儿就推说身体不适回去了。贾复打算带兵追杀，但他手下的将士全都酒足饭饱，醉过去了，贾复只得过境而去。寇恂又派外甥把情况报告给刘秀，刘秀就召见了寇恂和贾复。寇恂来时，贾复正在座，看到寇恂进来后就想起身避开。刘秀说：“现在天下还没有平定，两位虎将怎么能内斗呢？朕今日为你们调解。”经过刘秀的调解，贾复和寇恂化解了矛盾，坐在一起尽情欢娱，还成了好朋友。

## ◎赵苞母勉子抗敌

赵苞是东汉官员。汉灵帝时，赵苞担任辽西郡太守。担任太守的第二年，赵苞派人到故乡接母亲和妻子前来团聚。途经柳城时，一行人正好遇到一万多鲜卑人劫掠边塞，赵苞的母亲和妻子被鲜卑人劫持。赵苞听闻鲜卑人入侵，急忙率领两万骑兵迎战。这时，鲜卑人将赵苞的母亲作为人质，推到阵前给赵苞看。赵苞看到母亲和妻子被劫持，悲痛欲绝，哭着对母亲说：“儿子的罪恶无可饶恕，本想把母亲接到身边，用微薄的俸禄早晚奉养，没想到为您招来大祸。以前我是母亲的儿子，现在我是朝廷的大臣。大敌当前，我不能顾念您的生养大恩而毁掉忠义，只能拼死一战，不然无法弥补我的罪恶。”赵苞的母亲远远望着儿子，嘱咐他说：“儿啊，生死有命，不要为了顾念我而毁掉忠贞的节操。楚汉战争时，王陵的母亲对着汉使伏剑自尽，以坚定儿子效忠汉王的志向，你应当以此自勉，奋勇杀敌！”赵苞于是下令出击，鲜卑军队大败而归，赵苞的母亲和妻子都被鲜卑人杀害了。战事结束后，赵苞收拾好母亲和妻子的尸骨，上奏朝廷，请求护送母亲、妻子的灵柩回故乡安葬。汉灵帝派遣使节前往吊唁和慰问，封赵苞为侯。安葬好母亲和妻子后，赵苞对乡里人说：“拿着朝廷的俸禄却逃避灾难，不是忠臣；伤害母亲的性命来保全忠义，不是孝子。既然如此，我还有什么脸活在这世上？”说完后便吐血而死。

## ◎王经母勉子忠诚

王经是三国时期曹魏大臣。他担任郡守时，母亲劝他说：“你本来是贫寒人家的子弟，如今已经做到二千石的高官，可以到此为止了吧！”王经听不进去母亲的告诫，继续在官场中奋斗，做到了尚书。后来，司马氏控制了曹魏政权。魏帝曹髦不满大权旁落，秘密召见尚书王经、侍中王沈、散骑常侍王业，想要讨伐司马昭。王经认为时机不对，苦谏曹髦，曹髦不听。王沈、王业跑出去向司马昭告密，王经不肯与他们同去。司马昭派人弑杀了曹髦，王经因为没向司马昭告密，与母亲一同被司马昭逮捕了。王经流着泪对母亲说：“儿子后悔没有听从母亲的教导，以致落到今天的下场！”母亲的脸上却没有一点愁容，她对王经说：“你做儿子就孝顺，做臣子就忠诚。一个既孝顺又忠诚的好儿子，有什么辜负母亲的地方呢？”

## ◎虞潭母助子报国

虞潭是东晋名将，其父虞忠战死后，母亲孙氏独自抚养他。孙氏性格恭顺谦和，很有见识，常以忠义来教导儿子。永嘉五年（311），流民首领杜弢作乱，虞潭当时任南康太守，率众讨伐杜弢。孙氏以必死的义节勉励儿子，又变卖全部家产来犒劳士兵，帮助虞潭最终获胜。咸和二年（327），苏峻反叛朝廷，虞潭当时任吴兴太守，奉命征讨苏峻。孙氏对他说："我听说忠臣良将源自孝子之门，你应该舍生取义，不要顾念我这个老妇人。"孙氏还发动全家家仆，让他们随儿子征战，并卖掉身上的佩玉充当军资。孙氏听说会稽内史王舒让儿子王允之担任督护，一同作战，便对儿子说："王舒派儿子参战，你为何不效法他呢？"虞潭于是也让儿子虞楚担任督护，与王舒父子合兵作战，最终平定了苏峻之乱。

## ◎谢安教侄学忠臣

谢安是东晋名士，常与社会上的贤士一起品评人物时事。有一次，谢安问李弘度："你伯父平阳太守李重和尚书令乐广相比如何？"李弘度潸然泪下，说："恐怕难以将二者相比。赵王篡位时，乐广亲自进献玉玺，而我伯父为人方正，以身处乱朝之中为耻，最终服毒自杀。由此可见二人无法相提并论，实在不是我偏私伯父。"谢安听完，转身对两个侄子谢玄和谢朗说："有见识的人果然不同凡响。"

## ◎朱序母助儿抗敌

朱序是东晋名将。太元三年(378)，前秦君主苻坚派长子苻丕攻打东晋重镇襄阳。当时，朱序任东晋南中郎将、梁州刺史，镇守襄阳。朱序的母亲韩夫人早年跟随丈夫朱焘南征北战，颇通军事。襄阳被围时，她亲自登城观察地形，巡视城防，发现城墙西北角不够坚固，防守薄弱，想重点增强西北角一带的防御能力。因为儿子率领士兵和强壮的男丁守城，没有多少可用的劳动力，韩夫人就率领家中婢女和城中妇女，夜以继日地在西北角修筑了20多丈城墙。后来，前秦军果然猛攻西北角，西北角的城墙很快被攻破。晋军转移到新筑的城墙上防守，成功打退了前秦军的进攻。襄阳城内的军民都认为韩夫人有见识，为了纪念她筑城抗敌的功劳，把她率领妇女们建起来的那段城墙称为“夫人城”。

## ◎冼夫人维护统一

冼夫人是南北朝时期岭南部落首领，高凉太守冯宝之妻。她一生审时度势，顺应潮流，致力于维护国家统一和民族团结。梁大同六年(540)，冼夫人上奏朝廷，请求在海南置崖州，使海南岛重新回归中央政权的统治。侯景叛乱时，高州刺史李迁仕想诱骗冯宝一同谋反。冼夫人识破骗局，用计击败了李迁仕。陈永定元年（557），陈霸先称帝，建立陈朝。次年，冯宝去世，岭南大乱。冼夫人凭着自己的威望，团结百越，安定了岭南。太建元年(569)，广州刺史欧阳纥谋反，诱逼冼夫人的儿子冯仆一起谋反。冼夫人对儿子说：“我家做忠臣到现在已经两代了，不能因为爱惜你就有负国家。”冼夫人立即发兵，与陈朝的平叛军队合力击败欧阳纥，救出了儿子。后来陈朝灭亡，冼夫人保境据守，冼夫人被当地数郡拥戴为主，尊号“圣母”。隋开皇十年(590)，隋文帝派使臣韦洸等人安抚岭南。晋王杨广拿出陈后主写给冼夫人的劝降信，以及冼夫人赠给后主的犀角宝杖，冼夫人这才确定陈国已经灭亡，最后率领岭南民众归附，国家得以统一，岭南也免于战乱。不久，广州酋帅王仲宣与泷州陈佛智联合起兵反隋，冼夫人派孙子冯暄领军讨伐。冯暄同陈佛智很有交情，滞留泷州不肯进兵。冼夫人闻报大怒，立即将冯暄问罪下狱，改派另一个孙子冯盎出讨陈佛智，杀死陈佛智后，又打败了王仲宣。冼夫人将梁、陈、隋三朝所赠的物品分为三库保管，逢年过节就取出来陈列在庭院中，向子孙们展示，并教导他们说：“你们应该竭诚效忠天子，我侍奉三个朝代的君主，只凭着一颗忠心。如今朝廷赏赐的东西都保存在这里，这是竭尽忠孝的回报。希望你们都能记得我说的话。”在冼夫人的教导下，她的子孙们也都尽忠报国，维护国家的统一。隋朝末年，天下大乱，冯盎控制了20个州，占据广州、苍梧、朱崖一带，占地方圆数千里。有人劝冯盎自立为南越王，冯盎不肯，最终归附了新兴的唐朝。

## ◎王义方母教子尽忠

王义方是唐代官员。他自幼丧父，侍奉母亲非常恭谨，官至侍御史。唐高宗时期，武则天的心腹大臣李义府担任中书侍郎，仰仗拥戴武则天做皇后的功劳，肆意妄为。洛州女子淳于氏犯了奸淫罪，被关在大理寺狱中。李义府看中了姿色过人的淳于氏，在暗中指使大理丞毕正义将她释放后，将她纳为妾室。大理寺卿段宝玄发现此事后据实上奏，唐高宗命给事中刘仁轨、侍御史张伦审理此案。李义府担心事情败露，竟逼令毕正义在狱中自缢，使此案死无对证。高宗打算赦免李义府的罪过。王义方认为李义府奸邪害政，准备弹劾上奏，就对自己的母亲说："儿子担任侍御史，看着奸臣作恶而闭口不言，这是不忠的行为。如果直言弹劾，就会危及自身，使母亲忧虑，这是不孝的行为。忠孝之间儿子很难抉择，到底该怎么办呢？"母亲说："从前，王陵的母亲在汉使面前伏剑自杀，成就了儿子的大义。你能竭尽忠诚，我很高兴，死而无憾！"王义方于是上奏高宗，极力陈述李义府的罪恶。高宗认为王义方诽谤侮辱大臣，出言不逊，把他贬到莱州任司户参军，任期届满也没有调回来。王义方就客居昌乐，聚徒教学。母亲去世后，他便隐居不出。

## ◎高叡夫妻宁死不屈

高叡是唐代官员，曾任赵州刺史。突厥默啜可汗率兵入侵唐朝，攻破赵州。高叡服毒自尽，但没死成，与妻子秦氏一起被抓到默啜可汗的军营里。默啜可汗拿出一套突厥的官服给高叡看，说道："你要是投降我，我就让你做高官；如果不肯投降，就只有死路一条！"高叡看了看秦氏，秦氏对丈夫说："夫君蒙受天子的恩典，应该誓死报效国家，即使被贼人封赏为一品官又何足为荣呢？"高叡和妻子都闭上眼睛，不再说话。默啜可汗知道他们不会向自己屈服，便杀掉了他们。

## ◎董昌龄母劝子远逆贼

董昌龄是唐代官员。他少年丧父，由母亲杨氏抚养长大。他后来在淮西节度使吴少阳和吴元济手下任职，担任吴房县令。当时，吴元济割据一方，不遵从朝廷的命令。杨氏私下对董昌龄说：“顺逆成败是可以预见的，你可要早做打算啊！”董昌龄谋求归顺朝廷，但没有成功。后来，吴元济又让董昌龄代理郾城县令。杨氏再次告诫儿子说：“逆贼欺天，上天也不会保佑他。不要因为上一次失败了而放弃，也不要顾念你的老母亲。你做了忠臣，母亲死而无憾。”不久，朝廷大军进逼郾城，董昌龄举城归顺。唐宪宗很高兴，急召董昌龄到长安，正式任命他为郾城县令兼监察御史，赐绯鱼袋。董昌龄哭着对宪宗说：“这都是老母教导有方，臣有什么德能？”唐宪宗听后感叹了很久。吴元济听说董昌龄归顺了朝廷，便立即囚禁他的母亲杨氏，几次想杀掉她，但始终心存畏忌。蔡州叛乱平定后，杨氏安然无恙。

## ◎李侃妻劝夫坚守城池

李侃是唐代官员，担任项城县令。建中四年(783)，项城被叛贼李希烈的部将围攻。项城是一个小县城，没有精良的武器可以拒敌，没有高城深沟可以固守，李侃惊慌失措，不知道怎么办才好。他的妻子杨氏说：“你身为县官，叛贼攻城应当想办法守卫。如果因力量不足而死，也是死在任上。如果你都逃跑了，还指望谁来守城呢？”李侃说：“没有士兵，钱财耗尽，该如何是好？”杨氏说：“如果守不住城，县城将落到叛贼的手中，粮仓里的粮食都成了叛贼的粮食，财库里的金钱都成了叛贼的财产，百姓将成为叛贼的士兵，还能为国家留下些什么呢？夺取叛贼的财物，享用叛贼的粮食，重赏不怕死的士兵，一定能守住城池！”于是，杨氏在庭院里召集县里的小吏和百姓，说：“县官是一城之主，任满就会离职，不像百姓们世代居住在这里，祖坟也在这里。大家应该拼全力死守县城，怎么忍心成为俘虏呢？”众人流着泪答应了。于是杨氏宣布：“击伤贼兵的，赏千钱；杀死贼兵的，赏万钱。”李侃带领数百人登上城墙，杨氏亲自为他们煮饭，不论年长年少，全都公平分配。杨氏让李侃对敌人喊话：“项城的父老乡亲都将誓死守城，不怕牺牲。你们即使得到城池也无法显示军威，不如趁早离去，白白失利有什么好处？”叛贼们轻蔑地笑了。这时有支箭射中李侃的手，李侃负伤而归。杨氏责备他说：“你不在战场上，谁能固守阵地？战死在城墙上，难道不比死在家里光荣吗？”李侃便强忍伤痛，登上城墙，率领守城士兵射杀贼人，射死了敌将。叛贼见统帅已死，便全都逃跑了，项城得以保全。



## ◎刘仁瞻杀子报国

刘仁瞻是五代十国时期南唐将领，作战骁勇，治军严明。他担任寿州节度使时，后周发起对南唐的进攻。寿州被围一年多后，城内军粮已尽，各路援军也纷纷被打退，许多人想要投降后周。刘仁瞻的幼子刘崇谏怕死，准备一个人偷偷跑出城投降，结果被抓了回来。刘仁瞻痛心疾首，宣布将儿子就地正法。监军周廷构哭着为刘崇谏求情，又求救于刘仁瞻的妻子薛氏。薛氏说：“崇谏是我们的小儿子，当然心有不忍。可是如果不处死他，刘氏就成了不忠的一族！”于是忍痛将儿子处死，全军无不痛哭流涕，纷纷表示愿跟随刘将军誓死报国。不久，刘仁瞻卧病不起，神志不清。周世宗被他的忠烈打动，停止强攻，修书一封请刘仁瞻投降。营田副使孙羽等人将瘫卧在床的刘仁瞻抬出，献城出降。当夜，刘仁瞻病逝。很多南唐将士不愿投降，自杀殉国。薛夫人泣血五日，绝食而死。

## ◎苏轼母勉子做忠臣

苏轼和苏辙是北宋的一对兄弟文学家。小时候，他们的父亲苏洵常到四方游学，母亲程夫人便亲自教导他们学习，并告诫他们说："你们读书，不要效仿同辈人，只是想让人知道自己是个读书人。"程夫人喜欢读书，听到古今成败得失，都能说出其中的关键。有一次，程夫人教苏轼读《范滂传》时，很有感慨。范滂是东汉时期一个疾恶如仇、刚正不阿的官员，深受百姓爱戴，却因"党锢之祸"而遇害。临刑前，范滂告别母亲，母亲告诉儿子美名和长寿不可兼得，能与忠直之臣李膺和杜密齐名，应当死而无憾。年幼的苏轼抬头问母亲："我长大后也做范滂这样的人，您同意吗？"程夫人说："我儿能做范滂，我难道不能做范滂的母亲吗？"母亲的话对苏轼的人生产生了巨大的影响。在日后险恶的官场中，苏轼始终正直清廉，不畏权贵，气节凛然。

## ◎张浚母勉子尽忠

张浚是南宋名臣、学者，在他小时候，他的母亲计氏就用他父亲正直的言行来教育他。张浚长大成人后在朝中做官，当时奸臣秦桧手握大权，欺上瞒下，祸国殃民。张浚实在看不下去，想力谏皇帝，但考虑到自己的母亲年事已高，这样做定会招致秦桧的疯狂陷害，到那时母亲就没人供养了。张浚因此左右为难，心中忧愁，身体一天比一天消瘦。母亲注意到了他的变化，就问他为什么心事重重，他把自己的忧虑如实地告诉了母亲。母亲听完后没有说别的话，只是读着张浚的父亲在绍圣初年科举考试时回答"策问"时的一番话："我宁可直言进谏，死于刀斧之下，也不愿为了保全自身闭口不言，辜负陛下厚恩。”张浚领悟了母亲的用意，于是决心上疏，谏阻高宗、秦桧与金议和。奏折呈上后，张浚果然被贬谪流放。张浚临行前，母亲对他说：“儿啊，你安心去吧，你因为忠诚正直而遭祸，有什么可惭愧的呢？到了流放地，要努力攻读圣贤书，不要惦记家里。”



## ◎岳母刺字勉子报国

抗金名将岳飞从小就接受良好的教育。相传有一天，岳飞的母亲把他叫到跟前说：“孩子，现在国难当头，你有什么打算？”岳飞回答：“儿打算到前线杀敌，尽忠报国！”岳母听了儿子的回答，深感欣慰。她又担心儿子在复杂局势下思想动摇，便决定把“尽忠报国”这四个字刺在儿子的背上，让他永远记着这一誓言。岳飞解开上衣，请母亲下针。岳母问：“孩子，针刺很疼，你能忍受吗？”岳飞回答：“母亲，如果连小小的钢针都怕，怎么去前线打仗！”岳母先在儿子背上写了字，然后用绣花针刺了起来，刺完之后又涂上墨。“尽忠报国”四个字就留在了岳飞的背上，成为岳飞终生遵奉的信条。南宋建炎三年（1129），岳飞的家乡被金兵占领。岳母托人传话给岳飞：“我儿要努力辅佐圣明的天子，不要牵挂我这个老妇人。”岳飞始终牢记母亲的教导，英勇杀敌，立下了赫赫战功。

## ◎陆游临终不忘国

南宋爱国诗人陆游一生致力于抗金斗争，希望早日收复中原。他临终前仍念念不忘祖国的统一问题，给儿子们写下了一首诗："死去元知万事空，但悲不见九州同。王师北定中原日，家祭无忘告乃翁。"他是嘱咐儿子们在朝廷军队收复中原的那一天举行家祭，把这个好消息告诉自己。

## ◎辛赞教孙立报国志

辛弃疾是南宋著名爱国词人，绍兴十年（1140）出生在金人占领的北方。辛弃疾早年丧父，从小跟随祖父辛赞生活。辛赞是北宋末年进士，在金兵入侵后，为了保全众多族人的性命，积蓄实力响应南宋军队，不得已出仕金国，担任南京开封府知府。但他从未忘记先辈和金人之间的深仇大恨，每次退朝回家吃完饭，他就会带着辛弃疾攀登高山，远眺神州大地，谈论国家大事。辛赞还经常带着辛弃疾驾车，远至金国都城附近的燕山勘察地形。祖父的教育、引导在少年辛弃疾的心中播下了爱国的种子，而辛弃疾也亲眼目睹汉人在金人统治下遭受的屈辱与痛苦，加深了他对侵略者的仇恨。绍兴三十一年（1161），21岁的辛弃疾组织义军、抗金归宋，开始了他在南宋的仕宦生涯。尽管后来命运多舛、备受排挤、壮志难酬，但他恢复中原、报国雪耻的爱国信念始终没有动摇过。

## ◎陈文龙母以子不降为傲

陈文龙是南宋名臣，福州兴化人，官至参知政事。南宋末年，元兵大举南下，占领广州，福州、泉州守将纷纷投降，使兴化成为一座孤城。陈文龙散尽家财，招募兵勇，决心死守兴化。元军的使者两次到兴化劝降，都被陈文龙斩杀。陈文龙还在城头竖起“生为宋臣，死为宋鬼”的大旗，以表明心迹、激励士气。后来由于部下投敌，陈文龙和家人被元军俘虏。元军想迫使陈文龙投降，就凌辱殴打他。陈文龙指着自己的腹部对他们说：“这里面都是节义文章，难道也能够逼迫吗？”元军见劝降无望，就把陈文龙押往杭州。陈文龙誓死不降，在押送途中开始绝食，到杭州时就饿死了。陈文龙的母亲被囚禁在福州的尼姑庵里，病得很重，没有医生和药物，左右看到后都掉下眼泪。他母亲说：“我和我的儿子一同死去，又有什么遗憾的呢？”不久也死了。众人感叹说：“有这样的母亲，才能有这样的儿子。”

## ◎文天祥母子毁家救国

文天祥是南宋末年抗元名臣。他的父亲文仪聪慧好学，重诺轻财，德誉乡里。文仪去世前叮嘱文天祥：“朝廷将你选拔为状元，可知你是天地间优秀的人才。我死以后，你一定要尽心报效国家。”文天祥的母亲生于书香门第，善良贤淑，教子有方，常教导文天祥为国尽忠。文天祥奉诏勤王时，文天祥的母亲支持儿子变卖全部家产，充当军费，并随儿子辗转各地。父母的言传身教，对文天祥尽忠报国、舍生取义信念的形成，产生了深远的影响。

## ◎张秉文母勉子尽忠

张秉文是清代名臣张英的伯父，他从政时期正值明朝末年，时局动荡。崇祯十一年（1638），张秉文正在山东左布政使任上，10 余万清兵围困济南，形势十分危急。张秉文送信回家，信中说道：“儿子身为大臣，应当死于任所。母亲已经 80 多岁了，希望各位弟弟能够善待母亲。儿子立誓以死报效朝廷，以后无法侍奉在母亲身旁了。”他的母亲回信说：“我儿肩负国家重任，与城池共存亡，这是忠于职守啊！儿子能成为忠臣，我又有什么遗憾的呢？”张秉文昼夜不解甲，死守济南，抵抗清兵，最后力战而死。他的妻妾也投湖自尽，殉国殉夫。

## ◎顾炎武秉承母教不仕清

顾炎武是明末清初杰出思想家、经学家，被誉为清学的开山始祖。顾炎武出生后，就被过继给去世的堂伯顾同吉为子。顾同吉的未婚妻王氏出身官宦人家，还没有过门，未婚夫就去世了，但她一直坚持守节。王氏为人知书达理，深明大义。她悉心抚养顾炎武，教他读书写字，还经常给他讲述古代民族英雄、忠烈志士的故事，激励他向前辈先贤学习。明朝灭亡的第二年，顾炎武的家乡常熟被清军攻占，王氏听说后，绝食殉国。临终前，她对顾炎武说：“我虽然是一个妇人，但深受国家恩典，与国家同存亡，这是忠义所在。你不要做他国的臣子，不要辜负浩荡国恩，不要忘记先祖遗训，那么我就可以长眠地下了。”王氏的遗言成为顾炎武铭记在心、融入血液的准则。他始终不与清廷合作，终生都在坚持抗清斗争。

## ◎林则徐戴孝赴国难

林则徐是晚清名臣，为官清廉正直，爱国爱民。他的这些优秀品质与父亲林宾日平时的教导密不可分。道光四年（1824），林则徐的母亲去世，他按例辞官为母亲守丧。同年年底，江南高家堰十三堡决口，洪泽湖水外溢，多个州县均被水淹，漕运受阻，清廷震动。道光帝知道林则徐是水利专家，特别下旨夺情，令林则徐赶赴江苏督修堤工。林则徐原本想继续为母亲守丧，辞去这次任命，但此事关系漕运大务和千万百姓的生命财产，所以犹豫不决。父亲林宾日劝慰他说："古人规定父母死后孝子需要守丧三年，不得去朝廷任职，是因为穿上官服的荣耀、优厚的俸禄，会让居丧的孝子心中不安，情感不顺。可是现在国家碰上了危急的事情，需要你去效力，不是说让你升官获取利益。在这种事情上不愿接受任命，是害怕和逃避困难的行为，这样做算不上对国家忠心，又怎么能算对父母孝顺呢？只要身着丧服前往，合乎古人身着丧服办事的义理，难道不高洁吗？"林则徐听从了父亲的话，戴孝赴任。林则徐每天亲赴工地查验督催，逐段勘察，以保证工程质量和堤工进度，常常工作到深夜。半年后堤工完成，林则徐继续返回福州为母亲守孝。

## ◎林则徐以身许国

道光十九年（1839），林则徐被朝廷任命为钦差大臣，赴广东查禁鸦片。林则徐给夫人写了一封信，信中说道："我生在大清盛世，明知自己禁烟的举动妨害了英国人牟取暴利，一定会遇到困难。但我禁烟的决心非常坚定，不敢存有一点畏难的心思。我将身心都交付国家，只求能为国家和百姓谋利，为百姓除去鸦片这个祸害。在这件事上，我不顾自己的生死，更来不及考虑别人对我的褒贬。"赴广东禁烟期间，林则徐以"鸦片一日未绝，本大臣一日不回"的决心和胆识，经过坚决斗争，最终迫使英国鸦片贩子交出鸦片 200 余万斤，在虎门海滩上当众销毁。林则徐销烟有功，却在鸦片战争后被投降派诬陷。道光帝也迫于英军压力，将林则徐革职查办，流放新疆伊犁。林则徐忍辱负重，在与家人告别时口吟了两首诗，其中有两句：“苟利国家生死以，岂因祸福避趋之。”意思是“如果对国家有利，我将不计较个人的生死，难道能因为有祸就躲避、有福就上前迎受吗？”表现了他忠诚无私的爱国情操。

# 公 廉

## 公则生明，廉则生威

公正清廉是为官之本。古人云：“公生明，廉生威。”意思是公正才会产生清明，廉洁才能树立威信。古人不仅重视子孙能否仕进，而且很关注子孙在官场上的作为，时常告诫子孙奉公清廉，注重节操名声。

## ◎斗子文不私族人

斗子文是春秋时期楚国令尹，三任首辅，为楚国的强盛做出了贡献。有一次，斗子文的族人违反了法律，被廷理（掌管刑狱的官员）依法逮捕了。廷理听说他是令尹斗子文的族人，立即就把他释放了。斗子文得知此事后批评廷理说："国家设立廷理，目的是约束违反王命、触犯国法的人。一个正直的人执法，态度温和而不歪曲事实，意志坚定而不武断。现在你罔顾国法和王命，随意释放了犯人，算不上一个秉公办案的执法官。难道是我向你传达了徇私情的意图了吗？不然你为什么不按法律办事呢？我身居高位，管理百姓，有的百姓对我有所怨言，我尚且不能免受法律的制裁。如今，我的族人犯了法，证据确凿，你却揣摩我的私心，把他给放了。看来我不公正的心，已经明白地显露在国人面前。我身为令尹，执掌国政，却给国人留下有私心的印象。与其让我这样不讲道义地活着，还不如去死。"于是，斗子文派人把那个犯法的族人抓了回来，对廷理说："如果不依法判刑，我宁愿去死！"廷理害怕了，就依法判处了斗子文的族人。

## ◎叔向刑不隐亲

叔向是春秋时期晋国大夫、政治家，为人公正，他的弟弟叔鱼也是晋国大夫。雍子侵占了邢侯部分土地，邢侯与他打了很长时间官司，一直没有结果。晋国的司法官士景伯因公前往楚国，叔鱼做代理法官，审理这一旧案。雍子自知理亏，为了打赢官司，把美貌的女儿嫁给了叔鱼。叔鱼得到雍子的女儿后，不问是非曲直，直接宣布雍子胜诉。面对不公的判决，邢侯非常气愤，一怒之下杀死了雍子和叔鱼。韩宣子询问叔向应该如何处理这一案件，叔向回答说：“这三个人都有罪，应该对邢侯执行死刑，对已死的雍子、叔鱼曝尸。雍子自知理亏，把女儿当做礼物去贿赂法官，以打赢官司；叔鱼贪赃枉法；邢侯擅自杀人。有罪而掠取美名就是‘昏’，贪婪而败坏官纪就是‘墨’，肆无忌惮地杀人就是‘贼’。《夏书》上说‘昏、墨、贼，处死’，这是皋陶创制的刑法，请照办。”韩宣子于是杀掉邢侯，让人把雍子、叔鱼曝尸街头。孔子听说这件事后，称赞叔向不包庇亲人，做事合于道义，是一个公正无私的人。

## ◎田稷子母责子退贿

田稷子是战国时期齐国的国相。有一次，他收受了下属官吏贿赂的百镒黄金，拿去孝敬自己的母亲。田稷子的母亲看到黄金后十分诧异，问道：“你当相国已经三年了，从来没有过这么多的俸禄，难道是收了别人的钱财吗？你这些钱到底是从哪里得来的？”田稷子回答道：“的确是下属送给儿子的。”弄清了钱财的来路后，田稷子的母亲十分生气，训斥他说：“我听说士大夫应当修养身心，保持高尚的品行，不能获取非分之财；为人处世应当尽心尽力，忠厚老实，不能做狡诈虚伪的事；不在心里谋划不合道义的事，不把不义之财拿回家中；时刻保持言行一致，表里如一。如今国君让你做了高官，给你优厚的俸禄，你的一言一行都应该对得起国家。臣子侍奉国君，就像儿子侍奉父亲一样，应当尽心竭力，忠诚守信，效忠国君，抱着必死的信念去执行国君的命令。为官只有公正廉洁，才能远离祸患。现在你却背离正道，远离忠诚。作为臣子不去尽忠，跟作为儿子不去尽孝一样恶劣。

你这些来路不正的钱财，不是我应该得到的。你这样不孝顺的儿子，也不是我的儿子。你走吧！”听完母亲这一番话，田稷子十分羞愧，急忙拿着这些黄金退了出来，一一还给贿赂他的人，又去王宫向齐宣王请罪，如实供述了自己的罪行，请宣王惩罚他。宣王听完后，对田稷子的母亲的大义行为大加赞赏，不仅免除了田稷子的罪行，仍旧让他做国相，还赏赐了这位贤良的母亲。



## ◎汉武帝忍痛杀甥

隆虑公主是汉武帝的同母妹妹，生有一子昭平君，昭平君后来娶了汉武帝的女儿夷安公主。隆虑公主病危时，特意向汉武帝进献一千斤黄金、一千万钱，请求预先为儿子昭平君赎一次死罪，汉武帝答应了妹妹的请求。隆虑公主去世后，昭平君日益骄纵。有一次他喝醉了酒，杀死了教导夷安公主的女官，被逮捕入狱。由于昭平君的身份特殊，廷尉便向汉武帝请示该如何处理。汉武帝身边的人揣摩汉武帝的意愿，纷纷替昭平君求情，并提醒汉武帝说：“陛下曾经答应过隆虑公主，保她儿子一命。”汉武帝想到妹妹的临终遗言，流着眼泪叹息说：“我妹妹年纪很大了才有了这个儿子，临终前又把他托付给我。”汉武帝以理制情，强忍悲痛继续说道：“但是先帝制定了律法，如果朕徇私情，破坏了律法，将来有什么脸面进入宗庙享受祭祀呢？况且这样也对不起天下的百姓啊！”于是，他下令让廷尉依照律法判罪定刑，处死了昭平君。

## ◎光武帝不以私废公

光武帝刘秀是东汉开国皇帝，他的姐姐是湖阳公主刘黄。有一次，湖阳公主的一个家奴大白天杀了人，藏匿在公主家里，洛阳令董宣无法抓捕他。有一天，公主外出，让这个家奴随从。董宣在半路拦住公主的车马，以刀划地，大声数落公主的过失，呵斥那个家奴下车，并将其当众杀死。公主十分愤怒，立即回宫向光武帝告状。光武帝大怒，召来董宣，想用棍棒打死他。董宣磕头说："请陛下让臣说一句话再处死臣。"光武帝问他："你想说什么？"董宣说："陛下圣德，中兴汉朝，现在却纵容恶奴杀死善良百姓，将来如何治理天下呢？不用陛下拿棍棒打死臣，请让臣自杀！"说着，他就用头撞向房柱，撞得血流满面。光武帝命宦官从两旁架住董宣，让他向公主磕头赔罪。董宣不肯，宦官就强行按住董宣的头让他磕。董宣用两只手撑住地面，始终不肯低头。公主看到这种情形，对光武帝说："弟弟做普通百姓时，私藏逃亡和犯了死罪的人，官吏都不敢进门抓人。现在做了皇帝，竟奈何不了一个县令吗？"光武帝笑着对湖阳公主说："姐姐，做皇帝和当老百姓可不一样啊！"于是，他封董宣为"强项令"，赐给他三十万钱，奖励他执法严明。

## ◎郑均劝兄不受贿

郑均是东汉官员，他的哥哥曾经担任县吏，收了别人很多礼物。郑均发现后多次劝谏，哥哥都不肯听。为了让哥哥省悟，郑均就去做了一年多的佣工，把辛苦挣来的钱拿回来交给哥哥，说："钱没了还可以再挣，要是贪赃枉法，一辈子就完了。"哥哥听后幡然悔悟，开始廉洁奉公，不再收受贿赂了。

## ◎羊续清贫愧拒妻儿

羊续是东汉大臣，是中国历史上著名的廉吏，留有“悬鱼拒贿”的佳话。羊续担任南阳太守时，他的妻子带着儿子羊秘从老家赶到南阳来投靠，羊续却闭门不让妻子进入，仅让儿子羊秘进屋，向儿子展示自己所有的资产：一床破旧的布被褥、几件破旧的短衣、一点盐和几斛麦。他对儿子说：“为父拥有的东西只有这些，如果你们住在我这里，我拿什么来养活你们呢？”因为太过清贫，他无法供养妻儿，只得劝说妻儿回到家乡，自食其力。

## ◎乐羊子妻劝夫不拾遗金

东汉人乐羊子有位贤良的妻子。有一天，乐羊子在路上捡到一块金子，很开心，就把金子拿回家送给妻子。妻子得知金子的来路后，对丈夫说：“我听说有志气的人不喝盗泉的水，廉洁的人不吃别人施舍的食物，何况是靠捡拾别人丢失的东西来获利呢？这难道不会玷污自己的品行吗？”乐羊子听后感到十分惭愧，就把金子扔到野外，然后出门拜师求学去了。

## ◎李通不徇私情

李通是东汉末年曹操麾下的重要将领，曾担任阳安都尉。有一次，李通妻子的伯父在李通辖区内的朗陵县犯了法，被朗陵长赵俨逮捕，依法判处死刑。李通的妻子在丈夫面前嚎啕大哭，请求他设法保全伯父的性命。李通对妻子说：“我刚刚投奔曹公，为曹公效力，怎能因为个人私情而违背公法呢？”他不肯答应妻子的请求，妻子的伯父最终被依法处死。此事过后，李通不仅没有怨恨赵俨，反而称赞他忠于职守，执法不阿，与他结成好友。

## ◎胡质清廉传家

胡质是三国时期曹魏官员，为官清廉，他的儿子胡威深受其影响。有一年，胡威从洛阳出发，去探望在荆州做刺史的父亲。由于胡质为官清廉，家境贫寒，胡威去看望父亲时，没有车马和随从，独自一人骑头小毛驴赶路。在客栈住宿时，他自己劈柴、做饭、喂驴。到了荆州后，胡威在父亲那里住了十几天，便向父亲辞行。胡质拿出一匹绢送给儿子，作为路上的盘缠。胡威看到这匹绢后十分惊奇，跪问道：“儿子听说父亲为官清正廉洁，这匹绢是从哪里得来的？”胡质听儿子这么问，笑着说：“这是我的俸禄，平日节省下来的。”胡威这才放下心来。胡质帐下有个都督，与胡威素不相识，在胡威将要回家之前，他也请假回家，却暗地里带着行装在百里之外的路上等候胡威。遇上胡威后，他就相邀为伴，一路上事事帮助胡威，一起走了几百里路。胡威对这个素昧平生的同伴的殷勤照顾很是怀疑，就想方设法诱使他表明自己的身份，这才知道他是父亲手下的一名都督。胡威取出父亲给自己的那匹绢答谢他，并请他回去。后来，胡威给父亲写信时，顺便讲了这件事。胡质知道后大发雷霆，将这个都督杖责一百棍，并免了他的职务。胡质、胡威父子如此清廉谨慎，因此声名远扬。有一次，晋武帝问胡威：“你和你父亲相比，谁更清廉？”胡威回答道：

“我不如我父亲。”晋武帝又问：“为什么？”胡威说：“我父亲清廉而不愿意让人知道，我却唯恐别人不知道，所以我远不如我父亲。”



## ◎王观秉公心送子为质

王观是三国时期曹魏大臣，为人朴素廉洁，一心为公。魏明帝曹叡即位后，朝廷将全国郡县分为险恶、中等、安宁三类，下诏让各郡县依照经济状况和社会秩序的情况自报等级。当时王观任涿郡太守，涿郡北境与鲜卑人相邻，屡次遭到鲜卑人侵扰。主管官员告诉王观，打算申报涿郡为中等或安宁这两类中的一类。王观感到很奇怪，问道：“这个郡离鲜卑人很近，多次遭到鲜卑人侵扰，为什么不报为险恶地区呢？”主管官员回答说：“大人有所不知。如果将本郡报为险恶地区，按照规定您得把孩子送到朝廷充当人质。”王观只有一个年幼体弱的儿子，但他说：“为官者应该以百姓为重。涿郡属险恶一等，那样郡内百姓在劳役赋税上就能有所减免。我怎么能因为怜爱幼子，而不顾全郡百姓的利益呢？”于是，他坚持将涿郡上报为险恶地区，也依例把儿子送到邺城做了人质。

## ◎羊祜教子不营私

羊祜是魏晋时期著名军事家、政治家、文学家，为人清廉俭朴。羊祜的女婿曾经劝说羊祜：“岳父大人应该购置些田产家业，退休后也好有所归宿，后事有所依托，这样不是很好吗？”羊祜当时没有答话，事后告诉子女们说：“作为臣子，有了私欲就会背弃公心，这是很糊涂的做法，你们要记住我的这些话。”

## ◎陶母封坛退鲊

陶侃是东晋名将，年轻时曾担任管理渔业的小官。一次，他派人送给母亲一罐腌制好的鱼。陶母问来人：“这坛腌鱼是从哪里来的？”陶侃派来的人回答说：“大人从官府里拿的。”陶母于是将腌鱼封好让来人带回去，并且写信责备陶侃说：“你身为官吏，却拿公家的东西送给我，这样做不仅对我没有好处，还增添了我的忧愁啊！”

## ◎庾冰责子取公家绢

庾冰是东晋大臣，为官清廉。有一次，他的儿子私自向官府借了十四绢。庾冰知道后大怒，打了儿子，并且自己掏钱买了十四绢，让儿子送还给官府。

## ◎吴隐之不惧“贪泉”水

东晋著名廉吏吴隐之赴任广州刺史途中，走到广州城附近的石门，发现一眼山泉。当地人告诉他，这眼泉水叫“贪泉”，喝了泉水的人，没有不变得贪婪的。吴隐之对随行的家人说：“如果心中没有贪念，就不会乱了做人的分寸。越过五岭就丧失清白的原因，我现在知道了。清廉还是贪婪，全在自身啊！”说着，他走到泉边，舀了一口泉水喝下去，并赋诗一首：“古人云此水，一歃怀千金。试使夷齐饮，终当不易心。”意思是人们都说喝了这泉水就会变得贪得无厌，若是伯夷、叔齐那样品行高尚的人喝了，廉洁的本心怎么会改变呢？吴隐之上任后一改岭南官场的贪腐之风，吃粗茶淡饭，穿粗布衣衫，廉洁奉公，清简勤苦，作风始终不改。离任返乡时，他乘坐的小船上装的仍是初来时的简单行装。受到吴隐之言传身教的影响，子孙们都继承了他的遗风。他的儿子吴延之为官清正廉洁，任职鄱阳太守时，官德政绩俱佳。吴延之的弟弟和儿子曾担任郡、县长官，也都坚守清廉节俭的家风。



## ◎裴侠坚守清廉家风

裴侠是南北朝时期官员。他为官清廉，生活俭朴，每天只吃豆麦咸菜一类的食物，深受所在州郡人民的爱戴。裴侠的九世伯祖裴潜为官清廉公正，裴侠为他作传，想以先人的作为激励自己。他还把传记分给家中做官的人每人一份，希望他们也能效仿祖先的清廉作风。裴侠的堂弟裴伯凤、裴世彦，当时都担任丞相宇文泰的僚佐，看到裴侠身为高官却生活清苦，嘲笑他说：“人担任官职，应该使自身富裕，声名显赫。您清苦成这个样子，有什么用呢？”裴侠说：“清廉是做官理政的根本，节俭是立身处世的基础。况且我们的祖先经过几代人的努力，成就了美好的声名。他们在世时能得到朝廷的认可，死后也在史册中留下美名。现在我侥幸凭着平庸的才能，获得朝廷特殊的恩遇。我每日粗茶淡饭、清廉自守，不是为了求取名声，而是想要提高自身修养，害怕自己的言行辱没了祖先。这样反而被你们嘲笑，我还能说些什么呢？”裴伯凤、裴世彦听了他的话，都感到十分惭愧。

## ◎赵轨桑葚归邻

赵轨是隋朝官员。他在齐州做官时，他家东边的邻居院中有一棵桑树，桑葚成熟后落到了赵轨家的院子里。赵轨便派人把桑葚拾起来，还给了他的邻居。他告诫几个儿子说：“我这么做不是想猎取名誉，只是想着不是通过自己的劳动获得的东西，就不能够侵占。你们一定要记住我说的话。”

## ◎房彦谦以清白留子孙

房彦谦是唐代名相房玄龄的父亲。他为官清廉，将所得的俸禄都拿来接济亲朋好友，家里一直没有多余的钱财，所用的车子、衣服、器皿都相当朴素，他却怡然自得。每当子侄来看望他，他都不厌其烦以清廉督导勉励他们。有一次，他闲居在家，微笑着对儿子房玄龄说：“人家都因为做官得到俸禄而富有，只有我因为做官而更加贫穷。我留给子孙后代的财产，就只有清白了。”

## ◎长孙皇后不因私废公

长孙皇后是唐太宗李世民的皇后。贞观八年（634），长孙皇后跟随太宗游幸九成宫，得了重病。太子李承乾入宫侍奉，悄悄对长孙皇后说：“母后已经吃了很多药了，可病情仍然不见好转。儿臣想奏请父皇大赦天下，并度人出家修道，为母后祈福。”长孙皇后说：“人的生死是命中注定的事，不是人力所能勉强的。如果行善可以延长寿命，我一生也没有做过坏事；如果行善无法延长寿命，又能求得什么福呢？大赦天下是国家的一件大事，而佛教，皇上经常表示只不过是保留一种异域传来的宗教罢了，尚且担忧其有损国体。怎么能因为我一个妇人就扰乱了国家的礼法呢？”李承乾不敢上奏，就把这件事告诉了左仆射房玄龄。房玄龄将此事禀告太宗，太宗和侍臣听了无不叹息。朝臣都请求大赦天下为长孙皇后祈福，长孙皇后知道后极力劝阻，太宗尊重她的意愿，最终没有这样做。



## ◎李畬母还米教子

李畬是唐代监察御史，他的母亲为人清白正派。有一天，李畬让差役把禄米送到家里，李母让人用斗量了一下，发现竟然多出了三石。她问多出来的原因，差役回答说：“按照惯例，给御史量禄米不用将高出斗口的部分刮平，自然会多些。”李母又问差役需要多少车脚钱，差役回答说：“按照惯例，给御史家送禄米不收取车脚钱。”李母听后非常生气，命令差役将多出来的禄米送还官仓，并坚持付了车脚钱，还狠狠责备了李畬。李畬得知后追问仓库官员，治了他的罪。其他的御史知道这件事后，都深感惭愧。

## ◎崔玄時母勉子清廉

崔玄時是唐代宰相，父亲去世得早，全靠母亲卢氏拉扯长大。卢氏注重对儿子的教育，崔玄時从小学问品行俱佳。崔玄時长大为官后，卢氏教导他说："我曾经听姨表兄屯田郎中辛玄驭说过：'儿子在外做官，如果有人说他清贫得难以维持生活，这是好消息。如果有人说他财物充足，穿着轻暖的皮衣，骑着高头大马，这就是坏消息了。'我很重视他说的这些话，认为是正确的言论。近来常看到亲戚中做官的人，大多送财物给他们的父母，做父母的只知道高兴，竟不问儿子这些财物是怎么得来的。如果真是从俸禄中省下来的钱，的确也是好事；如果是非法取得的财物，这样的官员跟盗贼又有什么区别？即使没有因此招来大祸，自己心中难道就不愧疚吗？三国时吴国官员孟仁的母亲不接受儿子送她的腌鱼，就是这个原因。你今天坐食朝廷的俸禄，已经很荣幸了，如果不能为国尽忠，清廉自持，凭什么立身于天地之间呢？孔子说：'即使每天给父母吃牛、羊、猪三牲的肉，也算不上孝顺的人。'又说：'除生病不能避免外，不要让父母担忧子女的任何事情。'你尤其要注意修养德行，保持廉洁的品行，不要违背母亲的心意！"崔玄暐一生都遵从母亲的教诲，以清廉谨慎为人称道。

## ◎源乾曜出子为外官

源乾曜是唐代宰相。开元八年(720)，他向唐玄宗进言："如今大臣的儿子都要求在京城任职，贤德之士大多出任外官，这不是公平的做法。臣的三个儿子都在京城任职，请求陛下让我的两个儿子补任外官，来表示从近臣开始实行。"唐玄宗大悦，下诏褒扬源乾曜，任命他的儿子河南参军源弼为绛州司功，太祝源絜为郑尉，并命朝中百官效仿。由此，公卿子弟都离开京城补任外地官职。

## ◎宋璟考场秉公心

宋璟是唐代名相，与姚崇同心协力，辅佐唐玄宗开创了“开元盛世”。宋璟担任宰相期间不畏权贵，力革前弊，奉公守法，不徇私情。在吏部候选的官员宋元超自称是宋璟的叔父，希望因此得到特别的关照。宋璟得知此事后，发文书给吏部说：“宋元超是我的三堂叔，定居在洛城，我很少能见到他。我既不敢因为他是长辈就隐瞒这件事，也不愿意因为徇私妨害了公正选官的原则。以前他没有说明我们的关系，自然可以依照吏部的正常程序来选拔。现在他既然特意说明了我们的关系，那就必须纠正他思想上的偏差，请吏部不要录用他。”

## ◎郭子仪斥子偏私

郭子仪是唐代名将，是平定“安史之乱”的大功臣，被封为汾阳王。他在河中任职时，曾经下令禁止在军营内无故骑马，违反者要被处死。郭子仪夫人的乳母有个儿子，触犯了这条禁令，军中执法官都虞候用棍棒打死了他。郭子仪的几个儿子跑到郭子仪的面前哭诉，指责都虞候如何如何放肆。郭子仪斥责了儿子们，把他们赶走了。第二天，郭子仪把这件事告诉了手下的宾客和幕僚，叹息道：“我的几个儿子都是当奴仆的料儿，他们不赞赏父亲的都虞候严格执法，反而怜惜违反禁令的人，不是当奴仆的料儿又是什么？”

## ◎萧仿不苟取公家乌梅

萧仿是唐代宰相，为人公正廉洁。他担任广州刺史和岭南节度使时，身处富庶之地，珍贵奇异的物产颇多，但他坚持不苟取的节操，只拿应得的俸禄，没有额外的收入。有一次，萧仿的家人生病了，找医生看病抓药。药中缺少一味乌梅，随从们就直接从公家的厨房里取了一些。萧仿知道后，命人把乌梅送回去，催促着去集市上买。

## ◎周行逢不私女婿

周行逢是五代时期后周官员，出身农家，后因功封为武清军节度使。他的女婿唐德看岳父成为节度使，便请求岳父任用他当个地方官。周行逢对他说："你没有做官的才能，现在我徇私情让你做官也是可以的。但如果你做官做不好，我是不会违法来宽恕你的，这样一来亲人之间的情义就断绝了。"于是，周行逢送给女婿耕牛和农具，让他回家务农。

## ◎李昉为公荐贤

李昉是北宋初年名相、文学家。他在中书省任职时，遇到求他提拔任用的人，即便知道这个人值得提拔，也会很严肃地拒绝，然后再推荐提拔这个人。如果认为这个人不值得提拔，就会和颜悦色地和这个人说话。李家子弟无法理解他的做法，问他为什么这样做。李昉回答说："提拔贤才为官是皇上的事，我如果私下接受他人的请求，就会让受提拔的人感激我个人。所以我才严肃地拒绝他，让他感激皇上。至于没能受到推荐提拔的人，本就因为没能受到推荐而大失所望，如果再不好好安慰一番，只怕会招致他的怨恨啊！"

## ◎吕蒙正廉不受镜

吕蒙正是北宋初年宰相，为人清廉正直。当时有个官吏，家里藏有古镜，他自称这面古镜能照出200里范围内的景色，想通过吕蒙正的弟弟把古镜送给吕蒙正，以求得到任用。吕蒙正的弟弟便找了个机会，在跟哥哥闲谈时提到了这件事。吕蒙正笑道："我的脸也只有碟子那么大，哪里用得上能照200里地的镜子呢？"他弟弟听后，再也不敢说什么了。

## ◎吕蒙正拒授子高职

北宋初年，朝廷有一个常例，会对宰相的儿子授予较高的职位。吕蒙正当上宰相以后，按例也应该授予他的儿子高官。吕蒙正向皇帝推辞说："臣出身进士及第，出仕时只授为九品京官，况且天下有才能却没有得到朝廷俸禄的人还有很多。现在我的儿子刚成年，如果获得较高的官职，恐怕会受到上天的谴责。所以，请把我刚做官时的官职授予他。"从此，宰相的儿子初授官时只授予九品京官，就作为一项制度被确定下来。

## ◎曾致尧母以子清廉为荣

曾致尧是北宋文学家曾巩的祖父，他为官清廉，官声很好。有一年，在外地做官的曾致尧告假回家，为母亲周夫人祝寿。有乡人看到做官回来的曾致尧衣着朴素，仆人和马匹都很瘦弱，因此议论纷纷，嘲笑他不会做官。周夫人听到后却高兴地说：“我儿子做了官依然贫穷，这是我的荣耀啊！如果他搜刮民脂民膏，穿着丝绸衣服，骑着高头大马回家，这难道是我平时教导出来的吗？”曾巩在这样淳厚清正的家风中成长，成年后曾多次写文章称赞祖父的美德，崇尚他以廉立身的为官之道。

## ◎包拯以清廉教子

包拯是北宋名臣，为官廉洁公正、英明果断、铁面无私，有“包青天”和“包公”的美名。他担心子孙后代为官会贪赃枉法，便写了这样一条家训告诫子孙：“后代子孙做官的人中，如果有因贪赃枉法而犯罪的人，不允许放回老家；这样的人死了以后，也不允许埋在祖坟里。如果不遵从我的志向，就不是我的子孙。”他还交代儿子把家训刻在石头上，把刻石立在堂屋东面的墙壁旁，以警示后代。包拯的儿子包绶谨遵父亲的教诲，清廉节俭。包绶去世时，人们打开他随身携带的箱囊，没有发现什么值钱的东西。包拯的孙子包永年受到祖父和父亲的影响，终生清廉节俭。

## ◎宋仁宗责宠妃收受馈赠

张贵妃是宋仁宗的宠妃。有一次，仁宗来到张贵妃的宫中，看到一件稀有的定州红瓷器，便问贵妃：“这件定州红瓷器是从哪里得来的？”张贵妃回答说：“是大臣王拱辰献给臣妾的。”仁宗听后愤怒地说：“朕早就告诫过你不要接受臣子的馈赠，你为什么不听朕的话！”

仁宗一气之下打碎了这件珍贵的瓷器。张贵妃惭愧惶恐，向仁宗承认了错误，过了很久才得到仁宗的原谅。



## ◎苏轼母教子不取人财

苏轼在眉山老家时，有一天，家中的两个婢女在熨烫衣服时，突然双脚陷入地下。经过观察，他们发现地下几尺深处有一个坛子，上面盖着乌木板。众人猜测坛子里可能装有金银珠宝之类的东西，想打开看看。苏母知道后不让人挖掘，跟大家说那东西是前人埋下的，不属于苏家，谁也不准挖取，还命人将陷下的坑用土填好。后来，苏轼在岐山做官，在一个下雪天，发现唯独住所前古柳下一尺见方的地方没有积雪。雪晴之后，地上如坟地般凸起数寸高。苏轼猜想那里是古人藏丹药的地方，就想挖出来看个究竟。当时，他的妻子王弗在身边，对他说："如果婆婆还在的话，一定不让挖掘。"苏轼听了妻子的话非常惭愧，就打消了挖掘的念头。可见，苏母不取非分之财的思想，对家人有很强的教育作用，因此苏轼才会在《前赤壁赋》中写道："天地之间，物各有主。苟非吾之所有，虽一毫而莫取。"

## ◎金世宗一心为公

金世宗完颜雍是金朝第五位皇帝，他在位期间励精图治，革除弊政，开创"大定盛世"，有"小尧舜"之称。大定十八年（1178），尚书省准备让宗室子弟完颜阿可担任刺史。世宗说："完颜阿可年纪还小，没有经过历练，让他做副职官员就可以了。"平章政事唐括安礼说：“完颜阿可是皇族子弟，所以想让他出任刺史一职。”世宗责备他说：“刺史一职关系到千里之内百姓的福祸，怎么能不选择贤才担任，却把这个重要的职位授予皇族子弟呢？ 如果在感情上偏爱皇族子弟，只需要给他丰厚的赏赐就可以了，不能使他妨害国家政事。 让一个没有才能的人治理州郡，百姓将依靠谁呢？”

## ◎张雄飞阻子为官

张雄飞是元朝大臣，以清正廉洁闻名，为忽必烈所赞赏。 张雄飞的长子张师野担任东宫警卫时，阿里海牙入京朝觐，说要请求皇太子准许张师野做荆南总管。 张雄飞坚决制止，回家后对儿子说：“今天有人请求太子准许你做官，你做东宫警卫的时间确实很久了，做官也是应该的。 可我正担任参知政事，如果让你做官，天下人必定会认为是我徇私让你做官的。 我一天不离开这个职位，你们兄弟就不要指望当官。”

## ◎朱元璋杀婿

欧阳伦是明太祖朱元璋的女婿，娶朱元璋和马皇后的嫡女安庆公主为妻，被封为驸马都尉。 洪武三十年（1397），欧阳伦奉旨巡察四川、陕西，很不守法。 他不顾朝廷禁止贩卖私茶的法令，多次派人走私茶叶出境，从中牟取暴利。 他还不断骚扰地方，即使是封疆大吏也不敢过问。 他有个叫周保的家奴极其蛮横，擅自指使有关官员征派民车达几十辆。 经过河桥巡检机构时，他又擅自捶打辱骂官吏。 官吏忍无可忍，将此事报告给朱元璋。朱元璋大怒，说道：“我刚颁布《茶马法》，驸马竟然带头破坏律法！”他派人核查后发现确有其事，于是赐死了欧阳伦，处死了周保。

## ◎马皇后不私外戚

朱元璋登基后，想要封赏马皇后的亲戚做官。马皇后对他说：“国家选拔官员，应该选用贤能的人才。臣妾的亲戚中，不一定有可用的人才。况且臣妾听说前代的外戚多有凭着外戚身份骄傲蛮横、不守法度，以致最终倾覆败亡的。陛下想要封赏臣妾的亲戚，只要给予丰厚的赏赐，使得他们能够保有财富就可以了。如果让他们担任自己不能胜任的官职，他们就会恃宠生骄，最终失败，这不是臣妾想要看到的。”朱元璋就没有封外戚做官。

## ◎马皇后公平处置宫人

朱元璋曾经非常生气地责备宫人。马皇后假装也很生气，让人拘捕宫人送到宫正司定罪。朱元璋问为什么，马皇后说：“帝王不能因喜怒而随意进行赏罚。您生气时，恐怕处理有所偏重。交到宫正司，就能判定公平了。陛下定人罪，也应该交到相关的部门。”

## ◎邝子辅退袄责子

邝子辅是明代官员，为人清廉质朴。他早年丧妻，与儿子邝埜相依为命，含辛茹苦地将儿子抚养长大。邝子辅治家严格，在邝埜当官后，尤其注意教育他为政清廉。邝埜在陕西做了很长时间的官，考虑到父亲年老体衰需要奉养，准备让父亲来陕西，担任乡试的考官。邝子辅写信责备儿子说：“儿子做监察官，父亲做考官，这怎么能避嫌呢？”邝埜曾经寄给父亲一件衣服，父亲也回信责备道：“你掌管法律，应当洗雪冤案、清理长期积压的案件，不要有负职责。你从哪里得到了这件衣服，竟然用它来玷污我？”他把衣服封好之后又派人交还邝埜。邝埜跪读父亲的书信，哭着接受教诲。邝埜官至兵部尚书，以廉洁正直闻名。

## ◎王翱拒调女婿

王翱是明代名臣，一生历仕七朝，辅佐六帝，为人刚明廉直。他有个女儿，嫁给京城附近的一个官员为妻。王夫人非常想念女儿，常让女儿回家陪伴自己，女婿却坚持不肯让妻子回家。他愤怒地对妻子说：“你父亲手握选拔官吏的大权，调我到京城做官后，你就可以整天陪伴在母亲身旁了。况且他调动我易如反掌，怎么就不烦路上往来折腾呢？”女儿将想法告诉了母亲。王夫人当天便准备了酒菜，请王翱将女婿调到京城来。王翱听到夫人这么说很生气，拿起几案上的器具打伤了夫人。他气冲冲地走出门，乘车赶到朝房，住了十天后才回家。他始终也没有将女婿调职。

## ◎杨溥不私其子

杨溥是明代内阁首辅，为人朴实正直，廉洁好静，恭敬谨慎。有一天，他的儿子从湖北老家来到京城看望他。杨溥问儿子：“你一路走来，有没有听人说哪个官员最贤明？”杨溥的儿子回答说：“儿子从家乡来京途中，路过江陵县，那个县的县令很不好。”杨溥问儿子：“人们是怎么说他的？”儿子回答说：“就是对我招待得太草率简单了，没有额外优待！他是来自天台县的范理。”杨溥默默地记住了这个名字。后来，他向皇帝推荐范理，提升他为德安知府。范理到任后勤政爱民，颇有政绩。



## ◎况钟勉子侄清白为人

况钟是明代著名清官，他的诗句“清风两袖去朝天，不带江南一寸棉”是他为官清廉的真实写照。况钟不仅自己清廉守节，也能严格要求子孙。他曾给儿子们写过一首诗，诗中说自己“虽无经济才，尚守清白节”，告诫儿子“非财不可取，勤俭用无竭”，传达出清廉正直、勤俭务实的治家理念。他的儿子况宁颇有父亲的清白之风。况宁每年都会从江西老家到苏州省亲，起初有一些喜欢逢迎拍马的人想要送礼物讨好他，他便在家门口贴出告示，拒绝各种贿赂。

## ◎于谦拒授子职

于谦是明代名臣，为人刚直。正统十四年(1449)，瓦剌首领也先攻打明朝都城北京，于谦当时担任兵部尚书，率领军民坚守北京城，赢得了北京保卫战的胜利，使明王朝转危为安。在打退瓦剌军队进攻德胜门的一战中，他的手下将领石亨因功封侯。为了讨好于谦，石亨上疏推荐于谦的儿子于冕为官。景泰帝赞同他的提议，于谦却坚决反对，他对皇帝说："国家多事，臣子从道义上讲不该顾及私人的恩情。况且石亨身为大将，臣没听说他曾举荐一个隐居的贤士，提拔一个地位低下的兵卒，以对军队和国家有益，却偏偏推荐臣的儿子做官，这样做能得到大众的认同吗？臣极力杜绝有人侥幸得官，决不敢让儿子滥领功劳。"

## ◎孙祖寿赏酒勉子廉

孙祖寿是明末将领，为官清正廉洁，也注重教育儿子。他担任大帅时，有部将拿着500两银钱去他家，想要送给他的儿子，他的儿子不肯接受。后来儿子去探望孙祖寿，孙祖寿特意给儿子满斟了一杯酒，说："你没有接受别人赠送的500两银钱，说明你明白我的心，不然家法是不会饶恕你的。"

## ◎"半鸭知县"于成龙

于成龙是清代名臣，为官清正廉洁，勤政爱民，有"天下廉吏第一"之称。顺治十八年（1661），45岁的于成龙接受清廷委任，到遥远的边荒之地广西罗城任县令。罗城万山环绕，瘴疠流行，十分落后。于成龙到任后整顿治安，恢复生产，使百姓安居乐业，自己却日食粗粝一盂、粥糜一匙，仅佐以青菜，终年不知肉味，被当地百姓亲切地称为"于青菜"。相传有一次，于成龙的儿子从家乡跋涉千里来看望他，带来了一只腊鸭。于成龙舍不得一次吃光，就割下半只留着。

儿子回去时，他没钱给儿子做路费，就把剩下的半只腊鸭给儿子带回去，作为路上的菜肴。这件事情传出后，罗城百姓对他更加敬重，送了他一个“半鸭知县”的绰号。

## ◎陈廷敬清廉家风

陈廷敬是清代名臣，官至文渊阁大学士兼吏部尚书，以清正廉洁著称。康熙元年(1662)，陈廷敬还只是翰林院的一个小官，他回家探亲时，父亲陈昌期了解他为官的情况后勉励他说：“你清廉的品格很难得啊！”在还京赴任之时，他的母亲张氏为他整理行装，告诉他说：“儿子你走吧，我为你娶儿媳、嫁闺女，准备行李盘缠，你不要贪图公家的一文钱。”陈廷敬从政53年间，始终牢记父母的教诲。晚年总结自己的一生时，他以“不负当年过庭语，先公曾许是清官”来表达对自己没有辜负父母期望的欣慰之情。陈廷敬不仅自己洁身自好，也注重教育家人保持清廉之风。他弟弟陈廷弼出任临湘知县时，他写诗嘱咐说：“宦途怜小弟，慎莫爱轻肥。”告诫弟弟不要追求奢华生活，要保持清廉节俭的作风。他的次子陈豫朋做地方官时清名远扬，政绩显著。陈廷敬在陈豫朋回京之日，高兴地写诗勉励他：“敝裘羸马霜天路，赖汝清名到处传。”

## ◎张英妻勉夫拒馈赠

姚含章是清代名臣张英的妻子，她知书达理，勤俭持家。张英刚到翰林院做官时，俸禄不多，日子过得很拮据，家中经常需要靠典当衣物或赊米过活。有人或许是看中了张英的政治前途，得知张英家境艰难，便提出要赠予张英1000两银钱，张英坚决不肯接受。回家后，他把这件事告诉妻子，姚氏非常赞同丈夫的做法，她说："贫穷的家庭，如果别人赠予五两十两银钱，家中的仆人都会欢喜得奔走相告，人尽皆知。现在我们无故获得1000两银钱，若是有人问起这1000两银钱的来历，我们能不感到羞惭吗？"后来，张英官至大学士，随着俸禄的增加，家境有所改善，但姚氏仍如往常一般勤劳俭朴。一天，姚氏亲友派婢女前来问安，婢女到张英家后看见姚氏正在缝补旧衣服，以为她是张家的仆人，便问她："夫人在哪里？"姚氏从容地站起来回答道："我就是。"婢女没想到她就是大学士张英的夫人，感到非常惭愧。

## ◎张廷玉教子拒贿

张英的儿子张廷玉是清代重臣，曾担任首席军机大臣。张廷玉的长子张若霭工书善画，很擅长鉴赏。一次，张廷玉在一位官员家中看到一幅名人山水画，回家后向儿子连连称赞。张廷玉的本意是让儿子去鉴赏名画，增长见识，结果没过几天，他发现这幅画挂在了儿子的书房里。张廷玉责骂儿子说："我没有明代权相严嵩那样的索贿之才，你却有他儿子严世蕃那样的爱好。"严世蕃做侍郎时，依仗父亲的权势，招权纳贿，终被处死。张若霭听到父亲这么说，深受震动，赶忙向父亲道歉，把名画还给了那位官员，从此再也不敢越雷池半步。

## ◎郑板桥不私亲族

郑板桥为官清正廉洁。有一年，郑氏亲族中有人想进衙门供职，修书一封给郑板桥。郑板桥回信说：“宗族中人没有特殊的才能。官衙中的职位不多，上级安排的人尚且没有可安置的职位，又怎么能为自己的亲人谋取职位呢？”



## ◎王念孙教子公廉

王念孙是清代著名学者，曾担任工部都水司主事，主管全国的水利工程，并兼管漕务。王念孙奉旨查勘漕务问题时，沿途大小官员为掩盖问题，都想方设法贿赂他。王念孙为杜绝贿赂，了解漕务的真实情况，选择轻舟简从，不乘官府配备的驿船。因盘缠不够，他就派人回江苏高邮老家，让夫人吴氏想办法筹集一些盘缠。吴氏深明大义，接到丈夫的信后，变卖了自己的一副金镯子，将所得银两全部给了王念孙，帮他顺利完成了这次查勘任务。王念孙不仅严于律己，也严格教育儿子王引之。嘉庆二十二年（1817），王引之任都察院左都御史，受命和吏部左侍郎熙昌一起前往福建，复查藩司李赓芸受贿自缢案。临行前，年逾古稀、早已退休在家潜心著述的王念孙写信给儿子：“你这次去一定要廉洁自守，公平定案，不徇私情，不辜负国家对你的信任。”王引之到福建后，顶住压力，抵制住诱惑，调查知情人，秉公办案，终于使案情水落石出，为李赓芸恢复了名誉，使贪赃枉法的总督汪志伊、县令朱履中等受到了应有的惩罚。

## ◎林宾日教子不妄取一钱

林则徐的父亲林宾日是一位以教书为生的穷秀才。虽然家贫，但林宾日仍能坚持清廉的操守，还教导儿子“不妄与一事，不妄取一钱”。有一次，一位“身家不清”的富人想重金收买林宾日，为其保送文童，遭到林宾日的断然拒绝。父亲的言传身教，成为林则徐终生受用的精神财富。道光十九年（1839），林则徐被任命为钦差大臣，赴广东查禁鸦片。在此期间，洋商头目伍绍荣想用巨款贿赂林则徐，不愿交出鸦片。林则徐痛斥他说：“本大臣不要钱，要你脑袋！”伍绍荣见林则徐禁烟态度如此坚决，只好向外商传达了林则徐的谕令。林则徐在广东禁烟期间，曾给夫人写过一封家书，信中说：“广东的饮食和福建差不多，我还能吃得惯。只是在这里开支太大，我总担心入不敷出。但我立誓清廉为官，决不敢在俸禄之外，随便拿取百姓或者下属的分毫钱财，使自己对上可以报答皇上的恩典，在下没有愧对祖先的教导。我林家世代清白，脏手的财物，就算是一文钱，我也绝不会拿。”

## ◎曾国藩戒子走后门

曾国藩是晚清“四大名臣”之一，湘军的创立者和首任统帅，官至武英殿大学士。同治三年（1864）秋，曾国藩16岁的二儿子曾纪鸿准备去长沙参加乡试。当时，曾国藩的湘军刚攻破太平天国的都城天京，曾国藩也因功受封侯爵，位高权重，曾氏家族如日中天。但他不仅没有给长沙官场打招呼要求关照儿子，还特意在考前写信告诫曾纪鸿：“你科举考试前不要和州县的官员来往，不要给主考官送条子走后门。科举考试是你做官的开端，一定要自重。”发榜之前，曾国藩又写了一封信叮嘱他：“千万不要送条子，以防别人议论。”最终，曾纪鸿榜上无名，此后多次应试也未能考中举人。后来，曾纪鸿在父亲的支持下转学数学，成为一位著名的数学家。

# 勤 俭

## 勤则不匮，俭以养德

俗话说："家俭则兴，人勤则健；能勤能俭，永不贫贱。"勤俭持家是中华民族的传统美德。勤奋是基础，是创造财富的手段，是一种积极向上的生活态度。节俭是保证，是守住财富的手段，也有利于涵养德行。只有把勤奋和节俭结合起来，才能积聚财富、兴旺家族，而懒惰奢侈，则会毁己败家。古人十分注重对子孙进行勤俭方面的教育，希望子孙勤劳节俭，量入为出，实现家族的传承和兴旺。

## ◎孟献子囚子教俭

季文子是春秋时期鲁国正卿，执掌鲁国朝政 30 多年，厉行节俭。他家中的妻妾都不穿丝绸做的衣服，马厩中的马匹都不吃精饲料。孟献子的儿子仲孙它劝季文子说：“您担任我们鲁国的上卿，辅佐过两位国君，妻妾穿不上丝绸做的华丽衣服，马匹吃不上粮食做的精饲料。这样一来，国人恐怕会认为您生性吝啬，会使国家不光彩啊！”季文子回答说：“我何尝不想让妻妾穿得好、马匹吃得好？但是我看到全国的百姓们吃粗食、穿破衣的还有很多，我因此不敢那样做。百姓们吃粗食、穿破衣，而我的妻妾穿得好、马匹吃得好，这是辅佐国君的人该做的事情吗？况且我听说德行和荣誉能给国家增添光彩，没听说过衣着华丽的妻妾和吃精饲料的马匹能为国增光的。”孟献子知道这件事后非常生气，将儿子关了七天。从此以后，仲孙它也开始效仿季文子的做法，勤俭持家，不崇尚奢华。季文子得知他知错能改，便任命他做了上大夫。

## ◎敬姜教子以劳养善

敬姜是春秋时期鲁国大夫公父穆伯之妻，公父文伯之母。她虽然身份尊贵，不愁衣食，但每日仍坚持纺纱织布。有一天，公父文伯退朝回家，看见母亲还在亲自纺织，便忍不住对母亲说：“母亲，像我们这样的人家，您为何还要亲自纺织呢？当政的季康子要是听说了，会认为儿子不孝顺您。”听到儿子说出这样的话，敬姜叹了口气说：“难道我们鲁国要灭亡了吗？让你这样不懂事的孩子做官，却不把为官的道理讲给你听！你坐下来，母亲讲给你听。人辛勤劳作才会动脑思考，勤于思考才会产生善心；舒适安逸就会享乐放纵，享乐放纵就会丧失善心，丧失善心就容易生出邪念。自古以来，天子、诸侯、卿大夫每天都在尽心处理政事和家事，士人早晚学习，百姓日出而作、日落而息。王后和诸侯、卿大夫、士人、百姓的妻子都要从事家务劳动，给自己的丈夫做衣帽，有谁放纵自己不劳动呢？现在你父亲已经去世，你又做了官，我们早晚辛苦做事，尚且害怕丢了祖宗的基业。如果懈怠懒惰，怎么能躲避神明和祖先的责罚呢？我盼着你早晚提醒我说：‘我们一定不要废弃祖先的传统。’你今天却对我说：‘为什么不享受安逸的生活啊？’你用这样的态度来当官，我实在害怕你父亲绝后啊！”孔子听说敬姜教子的事情后，对弟子们说：“你们记住，季家的老夫人不贪图安逸！”

## ◎疏广不为子孙留财

疏广是西汉官员，曾担任太子太傅，深受汉宣帝器重。当他告老还乡时，宣帝和太子赐予他70斤黄金。疏广每天让家里置办饭食，请族人、老朋友一起喝酒娱乐。他还多次问家人还剩下多少黄金，催促家人卖掉金子来供应酒席。一年多以后，疏广的子孙偷偷对疏广敬重信任的一位朋友说：“老人家现在每天置办酒食，快把黄金用光了。希望您能劝他用剩余的钱财为子孙置办产业，购买良田和住宅。”那位朋友便在空闲时对疏广提到这件事，疏广说：“难道我现在糊涂到不顾子孙的地步了吗？只是家里本来就有良田老宅，子孙们辛勤耕作，就能像普通人一样吃饱穿暖。我告老还乡后又带回不少黄金，恐怕会让子孙心存依赖，变得好吃懒做。贤能的人拥有很多金钱，容易消磨志气；愚蠢的人拥有很多金钱，会更容易犯错。况且，富有的人也更容易引来众人的怨恨。我虽然没有办法教育好子孙，但也不想增加他们的过错，为他们招来怨恨。何况这些黄金是陛下赐给我的养老钱，我希望和族人、乡亲来共同享受圣明君主的恩赐，度过我的晚年，这样难道不好吗？”族人听了疏广这番话，都心悦诚服。

## ◎长孙道生毁宅诫俭

长孙道生是南北朝时期北魏将领，曾多次率军出征，屡立战功。作为北魏三朝元老，他一生恭敬谨慎，寡欲知足，不慕奢华。他不穿华丽的衣服，一顿饭不会吃两种以上的菜肴，一副马鞯用了几十年也没有更换，住的房子低矮简陋，被当时的人比作春秋时期以节俭闻名的齐相晏婴。有一次，趁他出征在外，家里子弟们把房屋修缮了一遍，并建起了厅堂和四周带有廊屋的堂庑。长孙道生回家后看到新修的府邸，叹息道：“过去霍去病说‘匈奴未灭，何以家为’，匈奴没有消灭之前，他不肯住进汉武帝赐予的府邸中享受安逸。如今北方强敌虎视眈眈，威胁着国家安全，我怎么能安心住在这样豪华的房子里呢？”他严厉斥责了子弟们，让他们拆毁了新建的住宅。

## ◎冯太后尚俭

冯太后是北魏孝文帝拓跋宏的祖母，生性节俭，不喜好华丽的服饰，平日仅穿素色的丝织品。她常在一种直径一尺的几案上就餐，膳食品类也比旧例减少了十分之八，杜绝铺张浪费。在冯太后的言传身教下，孝文帝也养成了节俭朴素的习惯，平日穿的是洗了又洗的衣服，马鞍是铁木做的。对此，冯太后十分赞赏。

## ◎陆纳杖侄教俭

陆纳是东晋名臣，以节俭著称。他担任吴兴太守时，有一次，谢安要来拜访他。陆纳的侄子陆俶知道叔父生性俭朴，只会设茶果来招待客人。但谢安是贵客，陆俶觉得用茶果招待显得太过寒酸，但又不敢跟叔父说，就自作主张，偷偷准备好了丰盛的菜肴。等到谢安到来后，陆俶看到叔叔果然只用清茶和果点招待贵客，便将提前准备好的丰盛菜肴献给谢安品尝。陆纳看到这桌菜肴后十分生气，等谢安离开后，他把侄子叫了过来，大声教训道："你这小子，不能给你父亲和我脸上增光也就罢了，竟然还要玷污我清廉的品行！"盛怒之下，他拿来棍子，狠狠地打了侄子 40 下。

## ◎谢玄不让侄子佩戴香囊

谢玄是东晋名将，谢安之侄。谢玄小时候很喜欢佩带紫罗香囊，谢安担心他养成浮华奢靡的习性，但为了不伤害他的自尊，就用与他打赌的方式巧妙地赢得了香囊，随即把它烧了。谢玄从此不再佩带这类东西。

## ◎殷仲堪教子弟安于清贫

殷仲堪是东晋末年名将。殷仲堪做荆州刺史时，正赶上水灾，粮食歉收，所以他常用形制较小的成套食器盛少量的菜肴，此外再没有多余的菜了。吃饭时，如果不小心把饭粒掉在盘子或席子上，他就会拣起来吃掉，这样做虽然是有心给人做表率，但也是因为他生性朴素。他常常告诫家中子弟："你们不要以为我做了一州的刺史，就会抛弃往常节俭的志向。现在我的地位虽然变了，但志向永远不会改变。安于清贫是读书人的本分，怎么能攀上高枝，就把树干抛弃了呢？你们要好好记住这些话啊！"

## ◎崔冏诫子薄葬

崔冏是北齐官员，生性廉洁谨慎，恭敬节俭，平日所得的俸禄都分给了亲朋好友。临终前，他对两个儿子说："恭敬节俭是一辆承载福气的车子，而骄纵奢侈是祸患的机兆。乘坐有福气的车子，就会生活得安宁幸福；蹈踩患机的人，一下子就会倾覆败亡了。你们一定要谨记我说的话啊！我死后不要厚葬，用平常的衣服入殓就行，祭祀时也不必用牛羊。棺材能装下身体就行，入土不露棺材就可以了。"

## ◎吕僧珍不私亲人

吕僧珍是南梁开国功臣，出身寒微，兼具文武才略，功勋卓著。他堂兄的儿子吕宏本来靠卖葱谋生，得知吕僧珍担任刺史后，就向吕僧珍请求做个州官。吕僧珍对他说："我蒙受国家大恩，没什么能报效国家的。你本来有适合自己的职业，怎么可以胡乱要求不该得到的职位呢？还是赶快回葱店做生意去吧！"

## ◎隋文帝教子节俭

隋文帝杨坚是隋朝的开国皇帝，在位期间励精图治，节俭爱民。杨勇是文帝长子，曾被文帝立为太子。杨勇生活奢侈，曾经装饰一件蜀人打造的铠甲，这让文帝深感担忧。文帝特意告诫杨勇说：“朕听说上天没有亲疏之分，只保佑有德行的人。纵观历代帝王，没有追求奢侈而能长久在位的。你身为储君，如果对上不顺承天意，对下不迎合民心，如何能担起祖宗重托，统治天下百姓呢？我过去的衣服，每种都保留了一件，你要经常观看，告诫自己不忘节俭。同时我也打算把这些旧衣服分别赏赐给你的兄弟们。实在担忧你现在当上了皇太子，就忘记了过去的艰苦生活，所以我让高颎把我的一把刀子和一盒酱菜带给你。记得你当年担任上士时，便经常吃这种食物。你如果还记得从前的日子，就应该理解我的心。”

## ◎李袭誉耕读传家

李袭誉是唐代官员，居家节俭，平日所得的俸禄都分给了贫穷的宗亲。他对子孙说：“我生性不爱财物，所以生活清贫。京城有十顷田地，用来耕种，可以获取粮食；河内有千棵桑树，采桑养蚕，可以做衣服穿；江都有收藏的书籍，努力攻读，可以进身求官。我死后，你们能勤于这三件事，就可以自立，不用求助他人了。”

## ◎长孙皇后教子节俭

长孙皇后生性节俭，不喜过费。长孙皇后的长子李承乾自幼便被立为太子，由乳母遂安夫人总管东宫的日常用度。遂安夫人常禀告长孙皇后说：“东宫缺少器皿用具，想奏请增加。”长孙皇后虽然爱护儿子，但并不想助长东宫的奢侈之风。她说：“作为太子，应当忧虑品德不能树立，美名不能远扬，怎么能担心缺少器皿用具呢？”于是，他驳回了遂安夫人的请求。

## ◎长孙皇后以山为陵

长孙皇后病危时，对守在病榻前的唐太宗说：“臣妾活着时对国家没有什么贡献，死了也不能花费很多。况且‘葬’就是‘藏’，是不想让人看到的意思。自古以来，圣贤都崇尚节俭薄葬。只有无道之人，才会营建高大的陵墓，耗费钱财，使百姓劳苦，被有见识的人耻笑。我死后，求陛下将我就着山形埋葬，不必修建坟墓，不必用多层棺木。陪葬所需的器物，都用木头和陶瓦制作，节俭送终，就是陛下不忘臣妾了。”唐太宗一向爱重长孙皇后，便遵从她的遗愿，营山为陵，是为昭陵。

## ◎韩滉劝弟不改建房屋

韩滉是唐代宰相韩休之子，为人节俭，不喜奢华。他的衣服和生活用品十年才会更换一次，居住的房子也十分简陋，仅能遮蔽风雨。韩滉家大厅四面没有建造厢房，弟弟韩洄曾略加增补，韩滉看到后就命人拆掉了，并对弟弟说：“这是父亲修建的房屋，我们应该保持原样居住。屋子没有大的损坏，稍微修葺一下就可以了，怎么能随便改建房屋，败坏节俭的品行呢？”后来，韩滉也做了宰相，但节俭的品行始终没有改变。

## ◎裴坦责儿媳奢侈

裴坦是唐代官员，生性节俭。裴坦的同僚杨收的女儿，嫁给裴坦的长子为妻，陪嫁的财物非常丰厚，日常用具大多是金银做成的，裴坦知道后很不高兴。一天，裴坦和妻子儿女一起吃饭，桌子上用碟子盛放着果品，裴坦很高兴。但他仔细一看，碟子竟然用犀角做装饰。他非常生气，立即将茶桌推倒，拂袖而去。他一边走一边说：“这是在败坏我的家风啊！”后来，杨收果然因为收受贿赂被革除了官职。

## ◎李存审教子忆苦思甜

李存审是五代时期后唐名将。他出身寒微，凭借战功做了高官。李存审深知“生于忧患，死于安乐”的道理，曾经训诫儿子们说：“为父年轻时只带一把剑离开家乡，通过 40 年的艰苦奋斗，才得以出将入相。九死一生的情况不止经历过一次，被敌人用利箭射进骨头的情况也有上百次。”说着，李存审把从身上取出的箭头拿出来交给孩子们，让他们好好保存，并嘱咐他们：“你们一出生就锦衣玉食，安享富贵，但应当知道我起家的艰难。”



## ◎宋太祖为百姓守财

宋太祖赵匡胤称帝后，吸取了五代十国君主骄奢淫逸导致亡国的教训，励精图治，崇尚节俭。有一次，他的三女儿永庆公主穿着一件贴绣铺翠的短袄入宫。太祖看到后很不高兴，说道：“你把短袄放在我这里，以后不要用翠羽装饰衣服了。”永庆公主不以为然，笑着说：“父皇，一件短袄用得了几根翠羽呢？”太祖说：“你身为公主，穿奢华的衣服，会引来后宫嫔妃和亲戚邻里的争相效仿。这样一来，京城翠羽的价格就会提高。小民为追逐利润，必然都去捕捉翠鸟，辗转贩卖，杀生害命，这都是你穿这件衣服可能导致的后果。你自幼享受富贵，应当懂得惜福，怎么能开这个不好的头呢？”永庆公主感到十分惭愧，急忙谢罪。又有一次，永庆公主趁侍奉太祖陪坐的机会，与皇后一同进言：“您做天子已经很长时间了，难道不能乘坐黄金装饰的轿子出行，以显示皇家威仪？”太祖说：“我拥有全天下的财富，就是用金银装饰整个宫殿，也办得到。只是我想到要为天下的老百姓守护财富，怎么敢自己随便挥霍呢？古人说让一个人治理天下，不用天下供奉一人。如果我只顾自己享乐，天下百姓又能指望谁呢？今后不要再说这样的话了！”

## ◎李沆教弟不建华宅

李沆是北宋名相，为官清廉，居家节俭，不慕奢华。家人曾劝他修缮住宅，他没有理会。后来弟弟李维又提起这件事，李沆回答说："我们享受着朝廷丰厚的俸禄，还时不时地受到君主的赏赐，口袋里的钱也足够用来修缮房子。只是我想着佛经上说，这个世界是有缺陷的，人也不可能求得圆满如意。修缮住宅大约需要一年的时间才能修缮好，人生的早晚都没法保全，又怎么能保证长久居住呢？小鸟在树枝上搭个窝就满足了，我们为何一定要建造华丽的房屋呢？"

## ◎陈省华教儿媳勤俭

陈省华是北宋官员，官至左谏议大夫，他的长子陈尧叟娶尚书马亮的女儿为妻。马氏嫁到陈家后，陈省华的夫人冯氏每天带着儿媳下厨做饭。马氏从小娇生惯养，不适应这样的日子，回娘家时便向父亲发牢骚。有一天，马亮在上朝途中碰到陈省华，便委婉地为女儿说情，说自己的女儿不习惯做饭，希望陈家以后对她多加照顾，别让她做饭了。陈省华说："我也不是让儿媳一个人下厨做饭，只是让她给婆婆打打下手。"马亮一听冯氏也亲自下厨，便也不说什么了。

## ◎王旦让弟退还玉带

王旦是北宋名相，为人清廉俭朴，不喜奢华。王旦的家人曾想用丝绵装饰毛毯，结果被王旦阻止。有人卖玉腰带，王旦的弟弟看到玉腰带很漂亮，就买来献给王旦。王旦让他系在自己的腰上，问道："现在还看得见玉腰带的漂亮吗？"弟弟回答说："系在自己身上，自己怎么看得见？"王旦说："自己负重穿戴而让看见的人夸赞漂亮，这难道不是一种负累吗？”弟弟听后赶快把玉腰带退了回去。王旦临死前告诫子孙说：“我们家族一直都享有清誉。我死以后，你们要勤俭节约，保持家风，不要奢侈，不要把黄金财宝放入我的棺柩中。”



## ◎范仲淹教子守清贫

范仲淹是北宋名臣，节俭奉公，对子女要求也很严格。范仲淹的儿子范纯仁将要娶妻，未婚妻是官宦世家王质之女。听说未来的儿媳打算成婚时用轻而薄的罗绮做帷幔，范仲淹很不高兴，就对儿子说：“罗绮这样的丝织品，难道是用来做帷幔的吗？我们家向来清廉俭朴，哪能乱了家法呢？如果她敢带回家，我就在院子里点火烧掉！”

## ◎欧阳修母守俭防备祸患

欧阳修是北宋名臣，四岁时父亲病逝，家境贫寒。他的母亲郑氏勤俭持家，将他抚养成人。欧阳修做官后，尽管家庭条件有所改善，但母亲仍保持着勤俭的生活作风。她对欧阳修说：“我儿不是能迎合世俗的人，在官场上难免会被人排挤。我们现在日子过得俭朴些，将来才能熬过那些患难的日子。”后来，欧阳修因为支持范仲淹变法得罪了利益集团，被贬到偏远的夷陵做县令。欧阳修的母亲仍然谈笑自若，安慰他说：“咱们家原本就很贫困，我已经习惯了那种生活。只要你能适应，母亲也能适应。”母亲的教导和勉励，对欧阳修清廉正直品德的形成，起到了非常重要的作用。

## ◎朱元璋教子勤俭

一天，明太祖朱元璋退朝回宫，趁儿子们都在跟前，便指着宫中的一片空地对他们说："这里不是不能建造亭台楼阁，作为游玩的场所，只是朕不忍心耗费百姓的钱财。从前商纣王大肆修建华美的宫室，招致天下百姓的怨恨。汉文帝曾想修建露台，因为舍不得花费100金就没有建，所以文帝时期国泰民安。由此可见，奢侈还是节俭，很快就会在国家安定或动乱的局势上显现出来。皇儿们，你们要记得我这番话啊！"

## ◎戚景通教子戒奢

戚景通是明代将领，是抗倭名将戚继光的父亲。他治家严明，崇尚节俭，虽然56岁时才生下戚继光，但并没有因此溺爱儿子。戚继光小时候，有一次穿着一双考究的丝织鞋走过庭前，戚景通看见后当即将儿子叫住，斥责道："你小小年纪，怎么能穿这样考究的鞋子？穿上好的鞋子必定还想穿好的衣服，穿上好的衣服必定还想吃好的东西。你小小年纪就想吃好穿好，将来就会贪得无厌。我家世代清白做人，到我这儿也没有那么多钱满足你的欲望。这样下去，你以后当了军官，说不定还会侵吞士兵的粮饷，败坏了我戚家的名声，你将来如何接替我的事业呢？"后来虽然弄清楚鞋子是戚继光的外祖母赠给戚继光的，戚景通还是让儿子把鞋子脱下来，不许再穿，以免养成奢侈的习惯。

## ◎张秉文母以俭养廉

张秉文是明末官员，清代大臣张英的大伯父。齐太君是张秉文的母亲，治家勤俭节约。她曾说："我爱听纺纱织布的声音，整日处在深闺中，这种声音听起来就好像音乐一样，子孙们不要嫌弃这种声音聒噪。"她70岁时还坚持纺线，不知疲倦，有人认为太辛苦，她说："我没有觉得每天这样做很辛苦。相反，不这样做的话，我反倒不知道干些什么。"即使儿子做了官，她也跟从前一样勤劳，没有丝毫改变。有人问她："你每天这样辛劳，省吃俭用，又能收获多少呢？"她回答说："我家里靠种田纺织来谋生，以培养儿子的廉洁精神，使他能成为清白的官员，这收获难道不算多吗？"张秉文后来在各地做官，即便官至布政使，也不敢拿公家的半点财物送给母亲。

## ◎赵彦霄劝兄节财

清朝康熙年间，有一对兄弟叫赵彦云和赵彦霄。父母过世后，他们一起居住了20年。哥哥赵彦云放荡游乐，不务正业，弟弟赵彦霄屡次劝说，哥哥都不肯听。无奈之下，赵彦霄只好提出与兄长分家。分家后的第五年，哥哥不仅花光了所有的积蓄，还负债累累，打算逃到外地去躲债。弟弟就在除夕夜置办酒席，请兄嫂前来喝酒。席间，弟弟对哥哥说："弟弟本来不愿分家，因为哥哥用钱没有节制，我害怕祖产被花光，不得已才提出分家。现在幸好我这里还有一半的祖产，足够我们两家的日常花销。现在我想请哥哥嫂嫂和我们一起住在这里，主持家务。"说完，他烧掉了当初分家的文书，还把仓库钥匙交给兄嫂掌管。接着，他又拿出积蓄，还了哥哥欠下的债务。兄嫂看到弟弟这样做惭愧不已，十分感激，从此以后谨慎处事，勤俭持家，再也不游手好闲了。

## ◎鄂尔泰责弟奢侈

鄂尔泰是清代中期名臣，雍正帝的心腹大臣。他勤俭爱民，绝不骄奢妄为，但他的弟弟鄂尔奇却与他相反。有一次，鄂尔泰退朝之后，路经鄂尔奇的家，想了解一下弟弟的情况。他走进庭院后，便感到这里豪华过度，心中很不安；待掀帘进入书斋，看见各种摆设极为考究，在座的宾客也穿戴异常华丽。他十分生气，掉头就走。鄂尔奇见哥哥没有进入房间就匆匆离去，急忙追上前问其缘故。鄂尔泰怒不可遏，竟当着众人的面训斥道："你还记得我们兄弟早年贫寒时，没有房子可以住，暂时住在祠堂里的事情吗？现在你刚刚得志，屋里的陈设竟然如此奢华！我由此知道祸患不久就会到来啊！"鄂尔奇听罢，赶忙下跪向哥哥认错，但并没有真正听进教诲，每次哥哥来时，他都会收起珍玩器物。鄂尔奇最终因为贪赃枉法被直隶总督李卫弹劾。

## ◎曾国藩教女节俭

曾国藩在两江总督任上时，曾把家人从湖南老家接到南京，李鸿章以淮军首领和曾国藩弟子的身份请曾家女眷吃饭。曾国藩两个年纪较小的女儿只有一条绸缎裤子，两人都想穿，争执不下，相对哭泣。曾国藩知道后安慰小女儿曾纪芬说："明年父亲要是还做总督，就给你做一条绸裤。"姐妹俩听了这话，才破涕为笑。

# 仁善

## 扶危济困，尚德崇善

《周易》云："积善之家，必有余庆；积不善之家，必有余殃。"意思是积累善行的人家，一定会留给子孙福气；而作恶多端的人家，一定会给子孙留下许多祸患。古人十分重视培养家人仁善的品性，倡导善待他人，并尽自家财力、物力周济鳏寡孤独，支持公益事业。

## ◎孙叔敖母勉子仁爱

孙叔敖是春秋时期楚国令尹。幼年时，有一次出去游玩，他见到了一条两头蛇，就把它杀掉并埋了起来。他一回到家中就开始哭泣，心中忧愁，吃不下饭。他的母亲看到了，急忙问他出了什么事。孙叔敖说："我听说见到两头蛇的人必死无疑，我回家前看到了一条两头蛇，恐怕要比母亲先一步离开人世了。"母亲问道："那条两头蛇现在在哪里？"孙叔敖说："我害怕别人看见它后也遭遇不幸，就杀死它，埋了起来。"母亲听完后，抚摸着孙叔敖的头对他说："孩子，别害怕。母亲听说暗中有德于人的人，上天也会给他福报，你一定不会死的。"孙叔敖果然平安长大，当上了楚国令尹，还没有开始治理国家，国人就已经信服他的仁义了。

## ◎楚庄王灭烛绝缨

楚庄王是春秋时期楚国国君，"春秋五霸"之一。有一次，楚庄王宴请群臣，天色已晚，臣子们喝得正尽兴，蜡烛突然熄灭了。有位大臣喝醉了酒，暗中拉扯楚庄王美人的衣服。美人一把扯下了这个人的帽缨，赶忙告诉庄王："大王，刚才蜡烛灭后，有人无礼，拉扯臣妾的衣服，我扯下了他的帽缨。您赶快让人点灯，看看谁的帽子上没有帽缨。"庄王对她说："是我让他们尽兴饮酒，醉后失礼也在所难免，怎么能为了显示妇人的贞洁而使臣子受辱呢？"庄王又对群臣说："今日与寡人喝酒，不扯断帽缨的话不尽兴。"于是，所有的大臣都扯掉了自己的帽缨。然后庄王才命令点灯，最后大家尽欢而散。后来，楚国与晋国交战，有一位将军作战十分勇猛，奋不顾身，帮助楚庄王打败了晋军。楚庄王问后才知道，他就是当年被美人扯下帽缨的人。

## ◎魏颗从治命不从乱命

魏武子是春秋时期晋国大夫，勇武有力。他有一个爱妾名叫祖姬，没有生育孩子。魏武子生病后嘱咐儿子魏颗说：“如果我死了，你一定找个好人，把我的爱妾嫁给他。”魏武子病危时，又对魏颗说：“我死后，你一定让我的爱妾为我陪葬，这样我在九泉之下就有伴儿了。”魏武子死后，魏颗并没有遵照父亲的遗命让祖姬陪葬，而是把她嫁出去了。有人问他为何不遵循父亲的临终嘱托，魏颗说：“人病重时神智昏乱，那时所下的命令是混乱的命令，不符合道理。我把她嫁出去，是遵循了父亲神志清醒时的吩咐啊！”

## ◎子发母教子爱士卒

子发是战国时期楚国将军。有一次，子发攻打秦国，粮草断绝了，他派人向楚王求援，并嘱咐使者顺便回家探望一下自己的母亲。子发的母亲问使者：“士兵们都安好吗？”使者回答说：“士兵们分吃豆粒来填饱肚子。”子发的母亲又问：“将军是否安好？”使者回答说：“将军每天都有好饭好肉吃。”等到子发凯旋的时候，他的母亲关上大门不肯让他进来，并派人责备他说：“你难道没听说越王勾践讨伐吴国的事吗？有人献上一坛好酒，越王勾践派人把酒倒在江水的上游，让士兵们在下游共饮好酒，其实江水中还能有多少酒味呢，但士兵的战斗力因此增加了五倍。有人给越王送来一袋干粮，越王又下令赏赐给士兵们，士兵们每人分了一点儿，美味过不了咽喉，但士兵的战斗力因此增加了十倍。现在你做了将军，士兵们只能分吃豆粒充饥，你每天都吃着好饭好肉，这是为什么？《诗》上说，好东西要让大家分享，能干的人才能心情舒畅。这说的是不能失去人心。士兵们为你出生入死，你却高高在上地享乐，就算你打了胜仗，你的做法也不是用兵的正道。你不是我的儿子，别进我的家门！”子发认识到了自己的错误，诚恳地向母亲认错，这才进了家门。

## ◎隽不疑母勉子平冤狱

隽不疑是西汉官员，学识渊博，行事干练，为官威严而不残酷。隽不疑每次到县里审查记录犯人的罪状回来，他的母亲总会问他：“有没有被平反的人？有多少人因平反而免于冤死？”如果得知隽不疑平反的人多，母亲就很高兴，吃饭和说话都与平时不同。如果得知没有平反的人出狱，母亲就很生气，吃不下饭。

## ◎严延年母斥子残暴

严延年是西汉酷吏，执法苛刻严峻，曾担任河南郡太守。每到冬季，严延年便将所属各县囚犯集中到郡府杀头，由于犯人太多以致流血数里，河南郡百姓都称他为“屠伯”。一天，严延年的母亲从东海郡过来，打算跟儿子一起进行腊祭。刚到洛阳，她就碰到儿子处决囚犯。母亲大吃一惊，便留在亭舍中，不肯进入太守府。严延年来到亭舍拜见母亲，母亲却紧闭房门，不愿意见他。严延年便摘下帽子，在母亲门外磕头。过了很久，母亲才肯见他，看到他后便斥责道："你有幸当了郡守，管辖方圆千里的地方，没听说你施行仁爱来教化百姓，反而滥用刑罚大量杀人，企图借此树立威信，这难道是百姓的父母官应该怀有的心思吗？"严延年急忙向母亲请罪，在地上不停地磕头，并亲自为母亲驾车，将母亲接回了太守府。行完腊祭礼后，母亲对严延年说："天道有轮回，头上有神明，杀人的人也必将为人所杀。没想到我年老了还要看到正值壮年的儿子被杀！我要走了，离开你回故乡，为你准备好葬身之地！"说完，她就离开了。回到东海郡后，严延年的母亲看到兄弟和族人，又把这些话说给他们听。又过了一年多，严延年果然被杀。

## ◎樊重教子乐善好施

樊重是西汉末年人，是东汉光武帝刘秀的外祖父。他性情温和厚道，做事情很讲究法度。他的家人相处和睦，三代没有分家，子孙们早晚问安致礼，肃穆如同官府。他生性节俭，善于种地和做买卖，全家上下同心合力，使樊家富甲一方，拥有300多顷田地。他乐善好施，经常馈赠财物给宗族和乡中贫穷的人。临终之前，樊重把向他借贷的票据收集起来，让家人一把火全烧了。欠债的人知道这件事后都十分惭愧，纷纷来到樊家还债。樊重的儿子们遵从父亲的遗愿，一律予以免除，始终没有收下这些钱。

## ◎魏明帝不忍杀鹿

魏明帝曹叡是魏文帝曹丕的长子，曹魏第二位皇帝。有一次，他跟随父亲曹丕狩猎，见到了一头母鹿和一头小鹿。文帝眼疾手快，射杀了母鹿，并催促儿子曹叡射杀小鹿。曹叡心有不忍，对文帝说："父皇已经杀掉了母鹿，儿臣实在不忍心再杀掉它的孩子。"说完哭泣不已。文帝放下了手中的弓箭，有感于曹叡的仁爱之心，有了立他为太子的想法。



## ◎谢安劝兄放老翁

谢安是东晋政治家、名士，官员谢奕的弟弟。谢奕喜爱饮酒，担任剡县县令时，有一位老人犯了法，谢奕就罚他喝烈酒。老人醉得很厉害，谢奕还不愿意停止惩罚。当时谢安只有七八岁，穿着一条蓝布裤，坐在哥哥的膝上。他看到这种场景心中不忍，便劝谢奕说："哥哥，老爷爷太可怜了，你怎么可以这样做？"谢奕听弟弟这么说，脸色立刻和缓下来，问道："阿弟想放他走吗？"于是，他就放走了那位老人。

## ◎顾恺之焚子债券

顾恺之是东晋著名画家，有个儿子叫顾绰。顾绰有很多私产，还四处放债，乡里许多百姓都欠他的钱。顾恺之在外任职时，经常劝顾绰不要乘人之危，借放债聚财，但顾绰不肯听。后来顾恺之做了吴郡太守，就对顾绰说："我常常不许你到处放债，后来定下心来想了想，家中贫穷也很难生存下去。百姓欠你的债务还有多少没还给你的，趁为父还在担任郡守时替你讨债，不然别人欠你的钱讨要起来就费劲了。

你所有的债券契约都在哪里呢？”顾绰听到父亲这么说，非常高兴，就把一大柜子的债券契约都交给了父亲。顾恺之拿到后，把所有的债券契约都烧毁了，并且对远近的人宣布：“欠顾家三儿子顾绰的债务，都不需要偿还了。所有的债券契约都已经毁掉了。”顾绰为这件事懊悔了很久。

## ◎陶渊明嘱子善待仆人

陶渊明是东晋末至南朝宋初的伟大诗人、辞赋家，中国第一位田园诗人。东晋义熙元年（405），陶渊明离开家，到百里外的彭泽县去当县令。考虑到儿子一个人很难应付一家人的生活，他从彭泽给儿子派了一名劳力，并写信叮嘱儿子说：“家中每天的生活用度，你一个人很难应付。我现在派给你一名劳力，可以帮你做些砍柴挑水之类的工作。他也是别人的儿子，你可要善待他。”

## ◎冯太后教孙宽仁

冯太后是中国历史上杰出的女政治家、改革家，北魏孝文帝拓跋宏的祖母。冯太后特别注重对皇孙的言传身教。有一次，主管膳食的官员在黄昏时给冯太后送粥，粥碗里掉进去一只壁虎，冯太后没有发现，一饭勺就把壁虎舀了起来。当时，孝文帝在一旁侍奉祖母，看到壁虎后大怒，想要处死这个官员。太后只是笑了笑，没有惩罚这个官员，让他退下了。祖母的宽仁给孝文帝留下了很深的印象，后来曾有进奉御食的人不慎将热汤泼在了孝文帝的手上，又曾有过在饭食中发现了虫子等秽物的情况，孝文帝都没有责罚相关人员，而是像祖母一样宽恕了他们。



## ◎苏绰嘱子减重税

苏绰是南北朝时期西魏名臣，在担任西魏度支尚书时制定了租税法。苏绰常常为国家资财不足导致税负颇重而自责，他对儿子苏威说：“现在制定的租税法，就好比拉紧的弓弦一样，不是可以长久施行下去的法令制度。后世有谁能够放松这弓弦呢？”苏威明白父亲的心愿，常把减轻天下赋税作为自己的责任。后来，隋文帝登基为帝，苏威便奏请隋文帝减轻天下百姓的赋税和劳役，采用让百姓安居乐业的法令制度。隋文帝采纳了他的意见。

## ◎唐太宗教子爱护百姓

唐太宗十分重视在日常生活中对太子李治的教育。太子准备吃饭时，太宗会问：“你知道饭里面蕴含的道理吗？”太子回答说：“不知道。”太宗说：“凡是耕种、收获的农事活动都很辛苦，不占用农民的劳作时间，才能常有饭菜吃。”看到太子骑马，太宗又问：“你知道马蕴含的道理吗？”太子回答说：“不知道。”太宗说：“马能代人分担劳苦，要让它按时休息，不要用尽它的气力，就能常有马骑。”看到太子在乘船，太宗又问：“你知道船蕴含的道理吗？”太子回答说：“不知道。”太宗说：“船就好比君主，水就好比百姓，水可以载着船行驶，也能掀翻船只。你以后是要做君主的，怎能不畏惧呢？”看到太子在弯曲的树下休息，太宗又问："你知道弯曲的树蕴含的道理吗？"太子回答说："不知道。"太宗说："这树木虽然弯曲，但在绳子的作用下就会变得笔直。君主的言行有时会偏离正道，善于纳谏就会变得圣明。这是殷商时期傅说所讲的道理，你要好好体会。"

## ◎杜甫劝亲戚体恤老妇

唐代诗人杜甫战乱时曾漂泊到四川夔州，他所住的草堂前有几棵枣树。杜甫的邻居是一个贫穷的老妇人，常来杜甫这里打枣充饥。杜甫同情老妇人的境遇，总是任由她打枣，从来不去干涉。后来，杜甫把草堂转让给一位姓吴的亲戚，自己搬到离草堂十几里的东屯去住。不料，这个吴姓亲戚一搬到草堂就在四周插上了篱笆，不想让老妇人来打自己的枣。杜甫听说后写了《又呈吴郎》一诗，以开导他的亲戚，诗中写道："堂前扑枣任西邻，无食无儿一妇人。不为困穷宁有此？只缘恐惧转须亲。即防远客虽多事，便插疏篱却甚真。已诉征求贫到骨，正思戎马泪盈巾。"杜甫深知老妇人是因为生活所迫才去打枣充饥，不仅自己体谅，还劝导亲戚不要阻止她打枣。

## ◎唐代宗教女让利于民

升平公主是唐代宗的第四女，汾阳王郭子仪之子郭暧的妻子。她为人贤明有才思，深受唐代宗宠爱。大历十三年（778），唐代宗下诏拆毁关中白渠支流上的水磨，以方便百姓灌溉农田。当时，升平公主与郭子仪各有水磨两轮，执行的人不敢拆毁。升平公主想保留这四轮水磨，因而进宫向唐代宗求情。唐代宗对升平公主说：“我颁布这个诏令，是为天下苍生着想，你难道不明白父皇的苦心吗？好孩子，你应当做众人的表率才对。”升平公主体谅唐代宗，当天就命人拆毁了妨碍百姓灌溉田地的四轮水磨。很快，豪门显贵家的80多轮水磨，也都被顺利拆毁了。

## ◎刘玄佐母劝子礼待下属

刘玄佐是唐代中期将领，他忠于朝廷，严而有谋，轻财重义。有一次，刘玄佐的母亲看到县令快步来到廷中禀报事情。待县令离开后，她告诫儿子说：“儿子，母亲看到县官向你陈述公务时卑微恐惧，惶恐不安。当初你父亲也曾经担任县官，面对长官时也常恐惧得直流冷汗。现在，你坐在厅堂的书案后边，像当年你父亲的长官那样对待下属，怎么能心安理得呢？”刘玄佐听了母亲的话后有所感悟，听从了母亲的教诲，从此礼遇下属。

## ◎曹彬不伤百虫

曹彬是北宋开国名将，战功赫赫。他的住所坏了，子弟们请求修理，曹彬说：“这个时节正好是冬天，墙壁瓦石的缝隙间蛰伏着各种虫子，不要伤害它们的性命。”

## ◎范仲淹勉子赠友人麦子

范仲淹是北宋名臣，他为人宽厚仁爱，也教导子女积德行善。一次，范仲淹让儿子范纯仁到苏州去运一船麦子。范纯仁在运麦子回来的途中，碰见了熟人石曼卿，得知他因为亲人的丧事滞留在丹阳，没有钱运送灵柩回乡，便把一船麦子都送给他，自己骑着马回来了。回到家中，范纯仁在父亲身旁站立了很长时间，都没敢提起将一船麦子送人的事情。范仲淹问儿子："你这次去苏州，有没有遇到朋友啊？"范纯仁回答说："路过丹阳时碰到了石曼卿，他遭遇亲人的丧事，没钱运送灵柩回乡，被困在那里。这时又没有像唐代郭元振那样乐于接济别人的人，所以他求助无门。"范仲淹听后立刻说道："你为什么不把船上的麦子全部送给他救急呢？"范纯仁回答说："儿子已经送给他了。"范仲淹听后感到非常欣慰。

## ◎范仲淹创办义庄

范仲淹做杭州知府的时候，家中子孙就知道他有退隐的想法，于是请求他在洛阳建宅，栽种花草树木，作为安享晚年的地方。范仲淹说："人如果能感受到道义的快乐，身体都可以不要，何况是房子呢？我已经年过六十，剩下的日子不多了，就算修建了漂亮的园林府第，又能享受多久呢？我只担心身处高位很难退下来，而不担心退下来没有住的地方。再说，洛阳园林这么多，人人都可以游玩观赏，难道会独独将我挡在门外？哪里有自己建了园林才能享受的道理？不必考虑住宅园林一类的事情了。"第二年，范仲淹用自己毕生的积蓄，在老家苏州府吴县、长州购买了 1000 亩良田，创立了义庄，用来扶养范氏族人。

## ◎欧阳修母教子惜人命

欧阳修年幼时父亲就去世了，母亲抚养他长大成人。母亲曾经对他说："你父亲做官的时候，经常在夜里点着蜡烛查阅案卷，期间多次停下来叹气。我问他为什么叹气，他说：'这是个判了死刑的案子，我想为这个犯人寻找生路，却没有找到。'我问：'可以为死囚寻找生路吗？'他说：'为死囚寻找生路却找不到，那么犯人和我就都没有遗恨了。何况确实有为死囚找到生路的。正因为有找到生路的，才知道不去求生路就被处死的人会有遗恨。经常为死囚寻找生路，还免不了出现错杀，偏偏总有官员在寻找处死犯人的理由啊！'他经常用这些话教育子弟们，我也听熟了。"欧阳修把母亲的这段话铭记在心，不忘践行父亲的仁爱精神。

## ◎程颢母教子善待下人

程颢、程颐兄弟是北宋理学的奠基者，被世人称为"二程"。他们的母亲程夫人治家有方，待人不严厉却能使上下做事有条理。她不喜欢鞭打奴仆，反而把幼小的家奴当做自己的儿女一样看待。有时儿子们呵斥家奴，程夫人总是告诫他们说："贵贱虽然不同，但同样是人。你像他们这样大时，能办好这件事情吗？"因而程颢、程颐兄弟也从来不用凶狠的话骂人。

## ◎宋仁宗体恤下人忍渴而归

宋仁宗赵祯是宋朝的第四位皇帝，为人宽厚和善。有一年春天，仁宗在花园中散步，时不时地回头看，随从们都不明白皇帝的意思。回到宫中后，仁宗急忙对嫔妃说：“朕渴坏了，快倒点水来。”嫔妃赶紧端水给仁宗喝，问道：“陛下在外面时为什么不让随从伺候饮水，却要忍着口渴呢？”仁宗回答说：“朕多次回头看，没有看见随从准备的水壶。如果问他们要水喝，肯定会有人因为忘记准备水壶而被处罚，所以就忍着口渴，等回来再喝水了。”仁宗的随从听仁宗这么说，都非常感动。

## ◎苏轼母教子不残杀鸟雀

苏轼少年时，书房前种有翠竹松柏和一些花草，长得很茂盛，引来许多鸟在上面筑巢。他的母亲程夫人心地善良，有好生之德，常嘱咐家里的孩子、婢女和仆人不要捕捉鸟雀。苏轼兄弟在母亲的教育下，还时常给小鸟喂食。过了几年，鸟雀开始亲近人，都在较低的树枝上筑巢，人们很容易就能看到鸟巢里的小鸟。其中有一种名为桐花凤的鸟最为珍贵，常人难得一见，但它们在苏家的庭院中自由飞翔，一点儿也不怕人。

## ◎魏敬益教子散田救济

魏敬益是元代官员，官至临江总管。他生性乐善好施，见有因贫困不能及时婚嫁的男女，便出资财帮其嫁娶。每逢灾荒之年，对于老弱病残，他都会设粥施衣加以救济。魏敬益有田16顷，有一天，他对儿子说：“我购买四庄村的10顷良田后，看到四庄村的村民都无法生活，深感不安，非常怜悯他们，所以想把我买来的田地归还给卖田给我的人。你们只要守住剩下的良田，辛勤耕作，就能避免挨饿。”于是，他派人把四庄村的村民叫过来说：“我购买了你们的田产，使你们没有了赖以谋生的东西，陷入了穷困，无法供养双亲，我实在是太不仁义了啊！现在我决定把以前购买的田产无偿还给你们。”卖给他田地的人听了以后都非常惊讶，不敢接受。魏敬益于是当众烧毁了买卖田地的契约，把这些田地和原来的地契都送给了原来的卖主。那些卖过田的人将他的善举告诉了当地官员，官员又报告给朝廷，请立牌坊、赐匾额来表彰。丞相为此特向皇上祝贺，皇上叹息说：“难得啊，世上竟然有这样好的人！”于是下诏让当地设立牌坊来表彰魏敬益。

## ◎童贤母让利救贫民

童贤母是隐士童释卿的妻子，举止端庄，为人厚道。元朝末年，政治黑暗，社会动荡，大户人家都拿钱结交官吏，应该交纳的租税，让租种自己田地的人代交。里长也借此为自己捞取利益，每亩田地征收四升米，佃户因此穷困不堪。正好赶上童贤母家里的人做里长，童贤母催民交纳租税的一半，其余的由自己拿出粮食代交，乡里贫困的人家因此不至于生活困顿。明朝洪武初年，宁海和邻县闹饥荒，村里有富人把麦子借给穷人，但要求借一斗麦子归还二斗三升谷子。当时，童贤母家里有几仓库麦子，她召集几个儿子，对他们说：“遭受饥荒的人有很多，幸好我们家有很多麦子，可以帮上别人，怎么忍心利用灾荒来获取加倍的利息呢？你们不要像其他人一样，应该将利息减去一斗，为村里人做表率。”童贤母的儿子遵从母亲的心意，一起拿麦子去帮助穷人，不收取多余的利息。同时，他们将村里富人趁机多收取利息的做法告诉了县里的官员，请求他们禁止这种多收利息的行为。方圆几百里内的人都知道童家的利息小，争相来到童家借麦子。大家都非常感激童贤母对自己的恩情。

## ◎朱元璋教子爱民

1367年十一月，祭祀天地的圜丘建成，朱元璋前去视察，世子朱标随同前往。朱元璋特意让随从带着朱标到附近农家走走，察看他们的饮食起居。等朱标回来后，朱元璋教导他说："你知道百姓的辛劳吗？他们整天在田地里劳作，手里拿着耕作用的农具，一年到头都勤勤恳恳，很少有休息的日子。他们住的是矮小简陋的茅草屋，穿的是粗布衣服，吃的是粗茶淡饭，但国家的财富都来源于他们缴纳的赋税。所以我要你记得，居住饮食，时刻都要想着百姓的艰辛不易。按照规定让百姓缴纳赋税，有节制地使用财富，百姓才不会陷入饥寒之中。如果穷奢极欲，横征暴敛，百姓就活不下去了！"

## ◎马皇后仁爱万民

有一次，马皇后问明太祖朱元璋："如今老百姓的生活安定吗？"朱元璋说："这不是你应该问的。"马皇后说："陛下是天下百姓的父亲，我有幸成为天下百姓的母亲，孩子过得好不好，我怎么能不闻不问呢？"还有一次，朱元璋对马皇后说："君王负有管理天下的职责，有一个百姓流离失所，就是君王的责任。"听到丈夫这么说，马皇后起身向朱元璋叩拜说："臣妾听古人说：'有一个百姓流离失所，这是我的罪过。有一个百姓挨饿，就是我挨饿。有一个百姓受寒，就是我受寒。’现在陛下所说的话，就是圣贤心中所想的。陛下谨慎敬畏，对贫困的百姓施加恩惠，使天下都能享受到陛下的赐福，臣妾也深感荣幸啊！”



## ◎明仁宗体恤士兵

明仁宗朱高炽是明成祖朱棣的嫡长子。洪武二十八年（1395），朱高炽被明太祖朱元璋立为燕王世子。朱元璋曾经令他和秦王、晋王、周王三位世子分别检阅卫士，但他回来得最晚。朱元璋问他原因，他回答说：“早上天气寒冷，孙儿等士兵们吃过早饭后才检阅部队，所以回来得晚了些。”朱元璋又令三位世子分别阅读奏章，他选择其中切近军民利弊的向祖父禀报。有些奏章中出现了文字谬误，他却不予禀报。朱元璋指出来给他看，问：“孙儿忽视这种错误了吗？”他回答说：“不敢忽视。只是觉得这种小过失，不足以污损皇上的视听。”有一次，朱元璋问他：“唐尧、商汤时期发生水旱灾害，百姓依靠什么来对抗天灾呢？”他回答说：“依靠圣君体恤百姓的为政之道。”朱元璋高兴地说：“孙儿有做国君的见识啊！”

## ◎袁了凡母教子以德报怨

袁了凡是明代思想家、《了凡四训》的作者。袁了凡的生母李氏是一位宽厚仁慈、勤俭持家的妇女，她注意培养儿子们的仁善品质。袁家和邻居沈家有世仇，袁家有一株桃树的树枝伸到墙外，沈家就把树枝锯掉了。儿子们看到了，就跑过来告诉李氏这件事。李氏对儿子们说："他们应该锯。我们家的桃树怎么可以占了人家的地方呢？"沈家有棵枣树，也有一枝伸到了袁家墙内。枣子刚结出来，李氏就把儿子们叫过来嘱咐说："这是沈家的枣树，不要随便吃人家的枣。"她还嘱咐仆人们好生守护。枣子成熟以后，李氏差人请沈家的女仆过来，当着她的面把枣摘了下来，装在盒子里让她拿回去。还有一次，袁家的羊跑到沈家的园子里，沈家人看到后就打死了这只羊。第二天，沈家的羊也跑到袁家，仆人们大喜，想要打死沈家的羊来报复。李氏不让他们这样做，让人把沈家的羊送回去。沈家人生了病，她让丈夫袁参坡亲自上门诊治，以药相赠。不仅如此，李氏还动员邻居们为沈家捐款，并送给沈家一石米。经过这一系列的事件，沈家被李氏的真诚和仁爱打动，于是放下恩怨，与袁家结为姻亲。

## ◎袁了凡母制衣赠人

有一年九月，天气将要转寒。袁了凡的妻子打算买丝绵，为家人做衣服御寒。袁了凡的母亲李氏对儿媳说："不要这样做，三斤丝绵要花一两五钱银子，还不如拿五钱银子买一斤棉，你们的冬衣都用麻做骨，把丝绵附在上面，也足以度过寒冬。剩下的一两银子，可以用来买旧衣服，清洗干净，缝缝补补，就可以供给几个贫困的人穿用。怜悯穷人，救助众人，是天下第一件好事。只是遗憾我们家不富裕，不能广泛施舍。但只要注重节省，也可以做善事。"李氏一生都是这样乐善好施，家人也深受影响。有一次，袁了凡的夫人为儿子裁制冬天穿的大袍子，打算买棉絮做内里。袁了凡问："家里有又轻又暖的丝绵，为什么还要买棉絮呢？"夫人回答说："丝绵较贵，棉絮便宜，我想把家里的丝绵拿去换棉絮，这样可以多做几件棉袄，赠送给贫寒的人。”袁了凡听了这番话，高兴地说：“难为你时时想着做善事，这样的菩萨心肠是我们袁家的福气啊！”



## ◎袁了凡母待人宽容

袁了凡的母亲李氏为人宽厚。有一次，儿媳偶然得到一条鳜鱼，就亲自下厨烧给婆婆吃，让小仆胡松送过去。过了一会儿，儿媳见到婆婆，便问鱼的味道怎么样。李氏愣了一下，马上又说好吃。媳妇看到这种情况，怀疑烧好的鱼被仆人偷吃了，核实后果然如此。儿媳感到很奇怪，就问婆婆：“您明明没有吃到鱼，为什么说吃到了呢？”李氏笑着说：“你问鳜鱼味道好不好，肯定把鱼送给我了；而我没能吃到，这说明鱼被胡松偷吃了。我实在不愿意因为饮食上的事情，显露出胡松的过错啊。”还有一次，有一位富豪乘着大船娶亲，经过李氏门前的河流时，撞坏了袁家的船舫，邻居抓住船主，请李氏过来索要赔偿。李氏听说后，先问新媳妇在不在大船上，当知道新媳妇在船上时，便让邻居放这位富豪走。儿子们和邻居都不明白原因，李氏对他们说：“新媳妇在船上，如果索要赔偿，婆家必然认为她不吉利，她今后的日子恐怕不会好过了。”

## ◎张英劝妻制衣赠人

清代大学士张英60岁生日时，妻子打算雇个戏班子唱戏做堂会，并设宴招待亲朋好友。张英不同意，劝说妻子放弃了这一计划，并用省下的钱制成100件棉衣，送给贫寒的人。

## ◎郑板桥嘱咐家人施善

郑板桥是清代官员、书画家、文学家。他50岁时才出任潍县县令，52岁时才有了一个儿子。郑板桥没有时间亲自教育儿子，便给堂弟郑墨写信，嘱托他代自己管教儿子。他在一封家书中提到儿子上学的问题时说："笔墨纸砚一类的文具，只要我家有的，便应不时地分发给别的同学。每当看到贫寒家庭或寡妇的子弟，连买纸做写字本的钱都没有，就应当在他们不知道的情况下帮助他们。如果遇到雨天不能马上回家，就挽留他们吃饭；如果已到傍晚，要把家中旧鞋拿出来让他们穿上回家。因为父母疼爱孩子，虽然穿不起好衣服，但孩子上学一定会给准备新鞋新袜。如果遇到雨天，道路泥泞不堪，新的鞋袜弄脏后，再做新的就难了。"

## ◎林则徐母接济亲人

林则徐为官40余年，始终清廉自守，成为彪炳千秋的一代廉吏，与林则徐母亲严格的家教有关。林母曾经到林则徐的官署居住将近一年，不肯吃珍贵的饮食，也不肯穿好衣服。林母经常对儿子说："一身的福分能有多少，为什么立刻想要享尽这个福分呢？如果把这些分给那些贫困的亲族，不是更好吗？"因此，亲族乡亲有需要救济的，林母都竭力予以帮助。有一次，林则徐的三伯父家揭不开锅，林父把家中仅有的一点儿米送给了三伯父，却让一家人断炊挨饿。为了不让三伯父得知后难过，林母饿着肚子叮嘱饥肠辘辘的子女们：“你三伯父来的话，不要说我们家没有生火做饭。”林则徐深受父母的影响，不仅经常资助亲戚乡亲，还努力为民谋福利。

## ◎张謇母让食于饥民

张謇是光绪二十年（1894）状元，中国近代实业家。张謇4岁时，他的家乡遭遇旱灾和蝗灾。铺天盖地的蝗虫啃食了大片禾田，导致当地出现了严重的饥荒。张謇的父母指着满地的蝗虫，告诉张謇这是害虫。当时饥民遍地都是，张家也十分困难，只能吃蚕豆杂粮饭。张謇的母亲正准备吃饭时，看到有饥民上门乞讨，便放下了筷子，把自己的饭让给了饥民。张謇当时年幼，便拾起小棒，击打害人的蝗虫。张謇27岁时，母亲病重，临终时还叮嘱他要周济穷人，不一定非得等到自己有钱了才去周济。张謇后来成为颇有作为的慈善家，先后兴办了贫民工厂、游民习艺所、济良院和盲哑学校等新式慈善组织。

## ◎刘氏教子为善举

有一个姓刘的寡妇，生有一个儿子。为了养活儿子，她辛勤劳作，白天耕地种田，晚上点着蜡烛纺织，一直持续了很多年。刘氏乐于助人，虽然家中贫穷，却时常用粮食接济邻居中穷困的人。有人没有衣服穿，刘氏就把自家的衣服送给他穿，乡邻们都称赞她善良。刘氏的儿子不理解母亲的做法，常有怨言，刘氏告诫他说：“与人为善是做人的根本，谁家里没有着急的事情呢？”刘氏死后三年，刘家遭遇了一场大火，房屋和衣物器用几乎都被烧光了。乡邻们感念刘氏往日的恩情，不仅送给刘氏的儿子衣物器用，还帮助他重建房屋。直到这时，刘氏的儿子才明白母亲话中的含义。

## ◎张孝基还财于妻弟

河南许昌有个叫张孝基的读书人，他的岳父是同乡的一个富人。除了女儿，岳父还有一个不成器的儿子。有一天，岳父因为儿子的恶行斥责了他，一怒之下把他赶出了家门。岳父病重快死的时候，把家产都留给了张孝基，张孝基为岳父妥善办理了后事。很久之后的一天，张孝基在路上看到了妻弟，发现他竟然沦落为乞丐。张孝基很怜悯他，问他："你会浇灌园圃吗？"妻弟回答说："如果能通过浇灌园圃来换饭吃，该有多好啊！"张孝基便把他领了回去，让他去浇灌园圃。渐渐地，妻弟能自食其力了。张孝基又问他："你能管好仓库吗？"妻弟回答说："让我浇灌园圃，我已经喜出望外了，要是再让我管理仓库，那真是太好啦！"于是，张孝基就让他管理仓库。张孝基通过观察，看到妻弟逐渐变得谨慎温良，没有再犯什么过错。他知道妻弟已经改掉从前的坏习惯，重新做人，便把岳父留给自己的财产全部还给了妻弟。

# 谨慎

## 守礼遵法，谨言慎行

《周易·系辞上》说："言行，君子之枢机。枢机之发，荣辱之主也。言行，君子之所以动天地也，可不慎乎！"意思是一个人的言行举止是成败的关键，也是荣辱的根本，可以惊天动地。古人十分重视规范子孙的言行，常常教育子孙守礼遵法，谨言慎行。

## ◎僖负羁妻劝夫礼遇重耳

僖负羁是春秋时期曹国大夫。公元前637年，晋国公子重耳逃亡路过曹国，曹共公对重耳无礼，还在重耳洗澡时偷窥。僖负羁劝曹共公礼待重耳，曹共公不听。僖负羁的妻子对丈夫说："我观察重耳，跟随他的三个人，都有做国相的才能。这三个人协力辅佐重耳，重耳一定能回国即位。他如果返回晋国，一定会称霸诸侯，讨伐对他无礼的人，我们曹国首当其冲。如果曹国有难，你也难以保全自身，为何不早做打算呢？我曾经听说过：'不了解儿子，就看他的父亲；不了解国君，就看他的随从。'如果礼待重耳，他日后一定会报答我们；如果对他无礼，他以后肯定会报复。如果不早作打算，大祸不久就会到来啊！"僖负羁听了妻子的话，便用壶盛食物，放在玉璧之上，赠给重耳。重耳接受了食物，将玉璧还给了僖负羁。后来，重耳果然回国即位，是为晋文公。公元前632年，晋文公以曹共公无礼为由，发兵攻打曹国，并下令军队不得侵犯僖负羁及其家人，以报答在曹国时僖负羁对自己的款待。

## ◎楚庄王教子守法

有一次，楚庄王紧急召见太子议事。按楚国的法律规定，车驾不能进入茆门。正巧这天下雨，庭院中有积水，太子就把车赶进了茆门。掌管刑狱的廷理对太子说："您的车驾不能进入茆门，这不合法。"太子说："父王急召，我不能等到没有积水时从别处入宫。"于是，他不顾廷理的劝阻，驱赶马车前进，廷理便举起长枪击打太子的马匹，毁坏了他的车驾。太子赶到王宫后，向楚庄王哭泣说："庭院中多有积水，所以儿臣才驱车赶进了茆门。廷理说这样做违反法律，举起长枪击打我的马匹，毁坏我的车驾。廷理如此无礼，父王一定要杀了他。"楚庄王对太子说："前面有寡人在而不逾越法律，后面有储君在而不迎合储君，廷理真是位守法的臣子啊，实在值得敬重！"于是，楚庄王给廷理提高了两级爵位，表彰他执法不避权贵的精神。他又开了后门让太子出去，并告诫太子说："你以后不要再犯这种错误了。"

## ◎赵鞅立谨慎儿为储

赵简子赵鞅是春秋末年晋国六卿之一，"战国七雄"之一的赵国的奠基人。赵鞅有两个儿子，大儿子叫伯鲁，小儿子叫无恤。赵鞅不知道该立哪个儿子为继承人，于是分别在两片竹简上写了训诫，交给两个儿子每人一片竹简，并嘱咐他们说："要谨记上面的话。"三年后赵鞅再问时，伯鲁已经不能说出竹简上的话了，连竹简都丢了。无恤的竹简仍在袖子里，且能清晰地说出竹简上面的话。赵鞅欣赏无恤的谨慎，于是立他为继承人。赵无恤就是赵襄子，赵国的创始人。

## ◎曾子临终守礼换席

曾子是春秋末期鲁国人，儒家学派的重要代表人物，一生恪守礼节。曾子病重时躺在床上，无法起身。他的弟子子春坐在床下，两个儿子曾元和曾申坐在脚边，一个童仆坐在角落里拿着蜡烛。童仆忽然看到曾子的竹席，便说："这竹席华美又光洁，是大夫才能享用的竹席啊！”子春赶忙对童仆说：“你住嘴！”曾子听见后惊惧地说：“啊！”童仆又说：“这竹席华美又光洁，的确是大夫才能用的啊！”曾子说：“是的。那是季孙送我的，我还没来得及换啊。曾元，你快扶我起来，换掉竹席。”曾元说：“父亲，您的病很严重，身体经不起挪动，还是等到天亮再换吧。”曾子说：“君子按照道德标准去爱护人，小人无原则地迁就爱护的人。我还有什么要求啊？只要能合乎正礼地死去，也就足够了。”大家便扶着他更换了竹席，曾子还没躺好就去世了。



## ◎孟母责子无礼

孟子是战国时期儒家学派的代表人物。有一天，孟子将要进入内室，发现妻子独自一人在屋里，穿着暴露。孟子很生气，没有进屋就走了。孟子的妻子认为孟子是把自己当作客人，便向孟母辞行，要回娘家。孟母把孟子叫来责备说：“礼节说：‘准备进门前，要先问问谁在里面；准备进入厅堂时，要高声说话让里面的人知道；准备进屋时，眼睛要往下看。’这些都是为了让屋里的人有所准备。你到妻子休息的地方去，进屋前却不发出声响，所以才会看到她穿着暴露的样子。这是你不讲礼仪，而不是你的妻子不讲礼仪啊！”听了母亲一番话，孟子认识到了自己的错误，便挽留了他的妻子。

## ◎石奋责子醉酒失礼

石奋是西汉大臣，为人恭谨守礼。石奋告老还乡后，每年定时参加朝会。他每次经过宫门前，都要下车小步快走；在路上看见皇帝的车马，必定俯身按着车前横木行礼。他的子孙中有当小官的，回来看望他时，石奋一定穿上朝服接见他们，不叫他们的名字。子孙有了过失，石奋并不责备他们，而是坐偏座，对着桌案不肯吃饭。石奋的小儿子石庆担任内史，有一次喝醉了酒，进入里门时没有按照规定下车，石奋听到这件事后不肯吃饭。石庆恐惧，袒露上身去向父亲请罪。石奋责备他说："内史是尊贵的人，进入里门时，乡里的长辈都走开回避，而内史坐在车中很自在，本是理所应当的嘛！"说完，他就喝令石庆走开。从此以后，石庆和石家的弟兄们进入里门时，都下车快步走回家。石庆由内史调任太仆后，有一次与汉武帝外出，武帝坐在后面车内，石庆在前面驾车。武帝问拉车的马共有几匹，石庆很清楚御马是六匹，但没有立即回答，而是用马鞭一一点数马匹后，才回答武帝为六匹。

## ◎刘向诫子恐惧敬事

刘向是西汉著名经学家、文学家、目录学家。他的小儿子刘歆，少年时代就已显露出非凡的才华，得到汉成帝的赏识，被任命为黄门郎。在刘歆出任黄门郎时，刘向告诫儿子："你一定要清楚自己没有特殊的德行，却蒙受皇上很大的恩宠，打算拿什么来报答呢？儒学大师董仲舒曾经说过：'吊丧的人来到家门，贺喜的人也快到里门了。'这是说一个人心怀忧虑就会谨慎做事，谨慎做事就会立下大功，福气就会到来。董仲舒又说：'贺喜的人来到家门，吊丧的人也快到里门了。'这是说只知道享福会使人变得骄傲奢侈，骄傲奢侈就会招来祸患，所以吊丧的人也随之而来。春秋时期的齐顷公，即位之初凭借祖先霸主的余威，轻视侮辱晋国的跛脚使者郤克，因此招来了鞌之战的祸事，大败后与下属互换衣服才逃走。这就是‘贺喜的人来到家门，吊丧的人也快到里门了’啊！齐顷公打了败仗后，人们都为他悲伤。他也战战兢兢，改过自新，得到了百姓的爱戴，诸侯们也都把占领的齐国城池还给了他。这就是‘吊丧的人来到家门，贺喜的人也快到里门了’啊！你现在年纪轻轻，就得到黄门侍郎这样显要的官职，刚就职的官员都要向你道谢，贵人们也要来向你叩头。在这样的情况下，你必须心存敬畏，小心谨慎地办事，才能避免灾祸。”



## ◎孔光不言温室树

西汉时，皇上和臣子们议事的地方，称为温室殿。孔光是汉成帝时期的大臣，曾担任尚书令和御史大夫，为人谨慎。他每天回家，都会与兄弟、妻子、儿女坐在一起闲谈，但从来不谈朝廷政事。有一次，孔光跟家人闲聊时，有人问他：“长乐宫温室殿里种着什么树啊？”孔光沉默了，他没有回答这个问题，转而跟家人聊起了别的话题。

## ◎马援诫侄勿说长道短

马援是东汉开国功臣，战功赫赫。马严和马敦是马援的两个侄子，他们自幼父母双亡，被马援收养，马援对他们视如己出。两人长大后喜欢议论是非、结交轻薄的侠客，马援发现后非常担忧。在率军远征、军务缠身的时候，马援也不忘对两个侄子的教育，还专门写了一封家书告诫他们。家书中说：“侄子们，我希望你们听说了别人的过失，就像听见了自己父母的名字一样，耳朵可以听见，但嘴巴不能议论。喜欢议论别人的优缺点，胡乱褒贬朝廷的法制，都是我最厌恶的行为。我宁愿去死，也不想自己的子孙有这种行为。你们知道我对这种行为深恶痛绝，之所以不断强调，就像女子出嫁时父母一再告诫一样，想让你们牢牢记住而已。名士龙伯高为人诚朴宽厚、周密谨慎，说出来的话周到稳妥，没有什么好指责的。他为人谦虚谨慎、奉行节俭、清廉公正、很有威望，是我爱护敬重的人，希望你们能把他当做榜样。杜季良这个人，为人豪迈，很讲义气，别人忧愁他也忧愁，别人快乐他也快乐，品行端正和不端正的人都和他有交往。他父亲去世时，很多客人都赶去吊丧。他也是我爱护敬重的人，但不希望你们向他学习。因为向龙伯高学习学不好，还能成为一个谨慎的人，这就是人们所说的画天鹅不成，还能画得像鸭子。而向杜季良学习学不好，很容易沦为轻佻浮薄的人。这就是人们所说的画老虎画不好，画的反倒像只狗。杜季良的未来现在还很难预料，州郡太守到任后都对他恨得咬牙切齿，郡中百姓也对他议论纷纷。我常常为他担心，因此不愿子孙向他学习。”

## ◎谢安教侄不嘲父过

谢安的哥哥谢据曾经爬上屋顶熏老鼠，一时被传为笑谈。谢据死后，儿子谢朗听人说起此事，但并不知道熏老鼠的人就是自己的父亲，多次跟着旁人一起嘲笑。为了不损害侄子的自尊，又能阻止他不再讥笑父亲，谢安借和谢朗谈心的机会说道：“外人常以上房熏鼠这件事来中伤你的父亲，还说是我和他一起干的这件蠢事。”谢朗听后，异常懊悔，整整一个月都闭门不出。

## ◎谢安夫人限制丈夫观舞

谢安的夫人在婢女表演歌舞的地方设置了很多帷幕。谢安刚刚看了一会儿，夫人就命人把帷幕放下了。谢安想打开帷幕继续观看歌舞，夫人对他说："恐怕有损夫君的美德。"

## ◎贺若敦刺舌教子慎言

贺若弼是隋代名将，出生于将门之家。他胸怀大志，文武双全。他的父亲贺若敦是北周将领，以武猛闻名，曾立有大功，却因认为朝廷赏赐不公而心怀不满。北周保定五年（565），贺若敦口出怨言，得罪了权臣宇文护，被宇文护逼令自杀。临死前，贺若敦把贺若弼叫到面前说："为父想要平定江南，现在看来已经不能实现了。你一定要帮我完成遗志，更要记住我的口舌之祸，今后做人要谨言慎行。"说着，贺若敦掏出一把锥子，猛地把贺若弼的舌头扎出血来，以此告诫他慎言。贺若弼刚开始做官时，还能谨记父亲的遗言，以"君不密则失臣，臣不密则失身"来提醒自己，说话处处小心，躲过了杀身之祸。随着功劳日大、权势日盛，他慢慢忘记了父亲用血换来的教训，变得口无遮拦，最终被隋文帝疏远，在隋炀帝时被处死。

## ◎郭子仪屏退侍妾

郭子仪是唐代名将，被封为汾阳王。唐德宗即位后，郭子仪被尊为尚父。当时，唐德宗宠信御史中丞卢杞。郭子仪患病后，群臣都来探病，郭子仪的侍妾守在他身边。等到卢杞前来探病时，郭子仪便屏退侍妾，独自倚着几案接待卢杞。卢杞离开后，家人感到很奇怪，便问缘故。郭子仪回答说："卢杞这人面貌丑陋，脸色发蓝，心地险恶。家中的女眷见了他，必然会忍不住发笑，卢杞必定怀恨在心。如果以后他得志了，我郭氏一族都要遭他陷害，无法幸免了！"

## ◎郭子仪大开府门以避祸

郭子仪是平定"安史之乱"的大功臣，受封汾阳王，但他的府宅总是门户大开，任凭人们随意出入。他的部下要去外地担任藩镇之职，临行前来府中辞行，如果正碰上郭子仪的夫人和女儿在梳妆，就会让这个部下帮忙拿手巾、打洗脸水。郭子仪的儿子们实在看不下去，有一天，他们极力劝说父亲不要继续大开府门。郭子仪不肯听从，儿子们便哭着劝他说："父亲大人战功赫赫，可是不尊重自己，闲杂人等都能随便出入内室。我们认为即使是殷商的伊尹、汉代的霍光这样德高望重的大臣，也不会这样做。"郭子仪笑着对儿子们说："你们当然无法理解我的用意。我们家有500匹马吃着公家供给的草料，1000口人享用着公家提供的粮食。如今权势地位已达到顶点，也无法引退来躲避祸患。假如我们家筑起高墙、关紧门户，内外密不相通，一旦有人挟怨报复，诬陷我们对朝廷怀有异心，就必然会有贪图功名、嫉贤妒能的小人推波助澜。一旦诬陷成功，我们郭氏一族都会死无葬身之地，到那时后悔可就晚了！现在为父大开府门任人出入，家中空空荡荡毫无遮拦。即便有人想诬陷我们，也找不出借口来。"郭子仪的儿子们听了这番话，都对父亲佩服不已。郭子仪正是因为处世谨慎，才能在险恶的官场中全功保身。



## ◎李景让母教子慎刑

李景让是唐代大臣、书法家，为人正直刚毅。他的母亲郑氏治家严格，亲自教诲勉励几个儿子。李景让在浙西为官时，手下一个左都押牙触怒了他，他便施用杖刑打死了这个人。军中将士非常愤怒，想要发动兵变。郑氏听说了这件事，就由后室走到厅堂。当时李景让正准备议事，郑氏便坐在李景让办公的地方，让李景让站在厅堂之上，大声斥责他说："天子让你管理一方土地，执行国家制定的刑法，维护一方安宁，你怎么可以在喜怒之时滥用权力，乱杀无罪之人呢？万一导致所管理的地方不得安宁，岂不是辜负朝廷厚恩？你的老母亲带着羞愧死去，又有什么脸去见你死去的父亲呢？"说着，她就让左右侍卫脱去李景让的衣服，准备当众鞭打他。辅佐李景让的将士都为他求情，跪着哭了很久，郑氏才放了李景让。这让愤怒的士兵迅速平息下来，人心得以安定。

## ◎柳公绰教子守礼

柳公绰是唐代名臣、书法家，为人庄重严谨，喜交豪杰，尤其与吏部尚书张正甫交好。柳公绰的儿子柳仲郢曾经在路上碰到张正甫，立即下马拜见张正甫。张正甫让柳仲郢不必如此，柳仲郢仍坚持行礼。有一天，张正甫对柳公绰说："你儿子上次碰见我，下马就拜，实在是太多礼了。"柳公绰并不答话，脸色严肃。等到张正甫离开后，柳公绰对一位客人说：“张尚书和我交往，难道是想让他儿子在街上骑着马冲向我吗？”张正甫从别处听了柳公绰的话后，向柳公绰深表歉意。

## ◎吕夷简教妻谨慎送鱼

吕夷简是北宋宰相，处世谨慎。有一天，吕夷简的夫人去拜见宋仁宗的皇后。皇后对她说：“皇上喜欢吃江淮一带的糟白鱼，可是祖宗有制度，不得向各地索要地方特产，因此没有办法得到。你家相公是江淮寿州人，家里应该有吧？”吕夫人不敢怠慢，回家后立刻准备了十匣糟白鱼准备进献。吕夷简回家后，问夫人准备这么多糟白鱼做什么，夫人告诉他缘由。吕夷简对夫人说：“进献两匣糟白鱼就可以了。”吕夫人很不解，问丈夫说：“献给天子的食物，有什么舍不得呢？”吕夷简叹了口气说道：“天子都没有的食物，臣子家里怎么能有十匣这么多呢？”

## ◎邵雍教子不轻议古人

邵雍是北宋理学家，他的儿子邵伯温年少时读了隋代思想家王通的《文中子》，书中说：“如果诸葛亮没死，礼乐能够得到复兴吗？”邵伯温因而写了一篇文章发表自己的看法，说诸葛亮能够辅佐君主称霸，恐怕不能辅佐君主复兴礼乐。邵雍看到后大怒，说：“你不应该随便议论诸葛武侯，更何况自己与他相差很远呢！况且以诸葛武侯的贤德，你怎么知道他就不能复兴礼乐呢？后生随便议论先贤，实在是不可取啊！”邵伯温感到十分惭愧，从此再也不敢随便议论先贤了。

## ◎吴贺母教子慎言

宋朝有个进士叫吴贺，他的母亲谢氏教子有方。有一次，谢氏站在屏风后面，听到吴贺和宾客在一起对别人说长道短，很生气。客人离开后，谢氏就责打了吴贺100下。有人劝谢氏说："谈论别人的好坏是非，是读书人常做的事，怎么忍心把孩子打成这个样子呢？"谢氏叹了口气，流着眼泪说："我听说疼爱女儿的人，一定为女儿选择谨言慎行的人做夫婿。我只有一个儿子，所以要引导他走正道。他现在说话这样不谨慎，哪能长久存活于世呢？"从那以后，吴贺变得谨言慎行。

## ◎马皇后劝夫慎杀

朱元璋性格刚毅，杀伐果断，马皇后常常据理劝阻，使许多人免于刑罚。郭景祥担任和州知州时，有人告发说郭景祥的儿子手持长枪想要弑父。朱元璋大怒，认定郭景祥的儿子是逆子，想要杀掉郭景祥的儿子。马皇后对朱元璋说："郭景祥只有这一个儿子，别人告发的事也许不是实际情况，如果贸然杀了他，郭景祥恐怕就绝后了啊！"朱元璋了解情况后，发现郭景祥的儿子果然是冤枉的。他对马皇后说："要不是你劝我，我差点杀错了人。"

## ◎张淳祖母劝孙戒酒

张淳是明代清官，是清代大学士张英的曾祖，官至陕西布政使。张淳的父母去世得早，全靠祖母胡太君抚育教诲。张淳嗜酒，每次要喝上几斗才行。后来他考取进士，将要担任永康县令前，特意拜见祖母，请求教诲。祖母说："你生性聪敏仁慈，我没有什么可担忧的，只是担心你饮酒过多，醉酒之后随便打骂人。"张淳说："今天孙儿想痛快地饮一次酒，以后恭敬地听从您的教诲。"祖母于是命人取来一瓮酒，张淳站着一饮而尽，终身不再饮酒。做官后的张淳勤政爱民，以善于断狱闻名。

## ◎张廷玉母教子取士严谨

清代名臣张廷玉的母亲姚氏是大学士张英的妻子。张廷瓒和张廷玉弟兄两个担任乡试和会试的考官时，姚氏就对他们说："自从我做张家媳妇以来，见你的父亲在主持考试这件事上从来清白，即使是在内廷教习庶吉士考试时也务求清正，就算得罪了亲朋好友，也绝不徇私舞弊，何况你们是在乡试、会试的考官任上。你们一定要谨守家训，不可给别人一个字的口实。"张廷瓒、张廷玉牢记母亲的话，录取的都是有真才实学的人，外界也从没有提出过异议。

## ◎林则徐教子不仗父势

道光十九年（1839），时年54岁的林则徐到广东禁烟前，给夫人写了封家书。家书中说："做官不容易，做大官更不容易。大家因为我奉命出使广东，就纷纷前来庆贺，实际上地位越高就越危险。你务必要嘱咐两个儿子谨慎小心，千万不要倚仗我的权势与官府胡乱往来，更不能去干预地方事务。"

# 谦 让

## 貌贵温恭，心贵谦下

古人说："谦者，德之柄也；让者，礼之主也。"在人际交往中，当与他人发生矛盾时，在不违背原则的前提下，应以谦逊礼让的态度化解矛盾。谦让既包含着对他人的理解、仁爱、宽容和尊重，也包含着对自己的自我约束和自我克制。谦让的美德有助于形成友善、和谐的人际关系和良好的社会环境。

## ◎伯夷叔齐让国

商朝末年，孤竹国的国君有三个儿子，长子名叫伯夷，三子名叫叔齐。国君看好小儿子叔齐，有意让他继承君位。国君死后，按照当时的礼制，长子应即位为君。伯夷却说："应该遵循父王生前的意愿，由叔齐来继承国君的位置。"伯夷放弃了继承君位的机会，逃到孤竹国外。大臣们又推举叔齐做国君，叔齐说："我如果做了国君，是对兄弟不义，也不符合礼制。"因此他也逃到孤竹国外，与兄长一起生活。大臣们没有办法，只好拥立国君的次子做了国君。

## ◎周公诫子守谦德

周成王将鲁国土地封给周公的长子伯禽。伯禽就国前，周公告诫他说："你去了鲁国后，不要因为贵为诸侯就怠慢人才。我是文王的儿子、武王的弟弟、成王的叔父，现在还辅佐天子，在天下的地位也不算低。可是我洗头时曾多次停下来，握着湿散的头发；吃饭时也曾多次吐出嘴里的食物，赶忙起身去接待贤士，即使这样还怕失去人才。我听说，品行高尚仍恭敬待人的人，一定会享有荣耀；封地广阔仍奉行节俭的人，一定会得到安定；位高权重仍保持谦卑的人，一定会更加高贵；人多兵强仍怀有敬畏之心的人，一定会获得胜利；聪明睿智仍认为自己愚笨的人，一定富有哲思；见闻广博、记忆力强仍认为自己见识浅薄的人，一定拥有智慧。这六点都是谦虚的美德。天子地位尊贵，富有四海，也是因为尊崇了这些美德。夏桀和商纣都因为不谦虚而亡国丧身，你能不慎重吗？"伯禽没有辜负父亲的谆谆教诲，在位期间以礼治国，使鲁国大治。

## ◎赵姬让位叔隗

赵姬是春秋时期晋国执政大夫赵衰之妻，晋文公重耳之女。赵衰当初跟随晋文公逃到了狄国，娶了狄国的女子叔隗为妻，生下了儿子赵盾。等晋文公返回晋国即位后，就把自己的女儿赵姬嫁给了赵衰，赵姬为赵衰生了三个儿子。赵姬让赵衰把赵盾和他的母亲叔隗接到晋国来，赵衰急忙推辞，不敢这么做。赵姬说：“不能不接他们回来。得到新宠、忘记旧人，是不讲仁义的；喜爱新人、厌恶旧人，是不顾恩情的；困窘时与人家亲密，富贵后不再理睬人家，是不合礼法的。如果丢了这三种品质，你还用什么来支配别人呢？一定要把叔隗接回家来。”等到叔隗的儿子赵盾来了，赵姬认为赵盾很有才干，就一再请求赵衰立赵盾为嫡子，将自己的三个儿子排在赵盾的后面；又让叔隗做了赵衰的正妻，自己排在她的后面。

## ◎车夫妻责夫自满

有一次，晏子外出。他的车夫的妻子从门缝里偷看，发现自己的丈夫坐在大车盖下边，挥动鞭子赶着四匹高头大马，一副很得意的样子。当日车夫回到家中，他的妻子请求和他离婚，车夫忙问原因。他的妻子说：“晏子身长不满六尺，却成为齐国的国相，在各诸侯国中很有名望。我今天观察他出行，只见他志向深远，态度谦卑。你身长八尺，给人家当车夫却趾高气扬，所以我要求离开你。”车夫听了妻子的话，感到很羞愧。他反思了自己的行为，自此以后不再骄傲自满，变得谦逊谨慎起来。晏子注意到了车夫的变化，便问他为什么突然改变了，车夫就将妻子的话告诉了晏子。晏子认为车夫的妻子很有见地，也欣赏车夫勇于改过的态度，便推荐车夫做了齐国的大夫。



## ◎范武子杖子教让

范武子是春秋时期晋国大夫，他严于教子，很注重培养孩子谦逊低调的品德。范文子是范武子的儿子，也是晋国大夫。有一次，范文子很晚才退朝回来。范武子当时已经告老，问他："今天为什么回来得这么晚啊？"范文子回答说："有位秦国来的使者在朝中出谜语，大夫中没有一个人能猜出来，我知道其中的三条，就当场说了出来，所以回来晚了。"范文子说话时非常得意。听儿子说完，范武子厉声呵斥他："大夫们不是不能回答，而是在谦让长辈和父兄。你年纪轻轻，却在朝中争强好胜，三次抢先盖过人家！如果不是我在晋国，人家顾及我的面子，你早就遭殃了！"范武子越说越气，用手杖打儿子，结果打断了范文子帽冠上的簪子。范文子深感惭愧，从此牢记父亲的教诲。后来，晋齐两国交战，范文子随同主帅郤克出征。晋军打了胜仗班师回国，范文子最后才入城。范武子对他说："儿啊，你知道我天天盼你早点回家吗？怎么走在最后面呢？"范文子扶住年迈的父亲说："郤克作为主帅，指挥我军打了胜仗。假如我率军首先入城，那么国人就会把注意力集中到我身上，把我当做功臣来欢迎，所以儿子不敢这样做。"听到儿子的回答，范武子欣慰地说："你这样谦让，我知道你可以免祸了。"范文子的儿子范宣子也继承了谦让的家风。中军将荀罃去世后，身为中军佐的范宣子本来可以升任其职，但他认为上军将荀偃比他年长，经验丰富，更适合任中军将，就让给了荀偃。

## ◎薛包分产让侄

薛包是东汉人，父母去世后，薛包的侄子要求分家产，另立门户。薛包不能阻止他，便在分家产时将好的都分给侄子。他挑出年老的奴婢，说："这些奴婢和我在一起的时间长了，你使唤不动他们。"他选择荒芜的田地、破旧的房屋，说："这些是我年轻时拥有的，有点留恋。"他选择朽坏的家具，说："这些我平时经常使用，用的时候身心觉得安适。"他的侄子曾经多次花光家产，薛包总是施与救济。

## ◎范通劝王濬让功

王濬是西晋名将，博学多闻，多谋善战。在王浑击破吴国中军主力之后，王濬率先进入吴都建业（今江苏南京）西的石头城，接受末帝孙皓投降，实现了西晋统一大业。王浑嫉妒王濬的功劳，耻于首功被夺，因而多次诬告王濬违背诏命，不受调度。王濬深感委屈苦恼，所以每次进见晋武帝时，总要极力陈说自己攻伐的辛苦和蒙受冤屈的情况，有时说到激动处，不向晋武帝告辞就退下了。益州护军范通是王濬的姻亲，他对王濬说："您灭吴的功勋是很伟大的，然而还没能做到尽善尽美。凯旋归来的那天，您就应该头戴百姓的头巾回到家中，再也不提攻灭吴国的事。如果有人问你，您就说：'攻灭孙吴，是仰仗圣明君主的德行，众位将领的勇猛，老夫哪有什么功劳呢？'那么老子和颜回的不夸其德，汉代龚遂'皆圣主之德，非小臣之力也'的谦虚对答，又怎么能超过您呢？ 这是藺相如折服大将军廉颇的方法，如果您这样谦逊，王浑能不感到羞愧吗？”王濬说：“当年邓艾平定蜀国后反遭钟会污蔑造反，惨遭杀身之祸。 我实在害怕像邓艾那样功成而被杀，所以不得不向君主申辩。 现在想来，我始终没能放下灭吴这件大功，实在是心胸狭窄啊！”



## ◎颜延之责子骄奢

颜延之是南朝宋文学家，曾担任金紫光禄大夫。 颜竣是颜延之的长子，曾跟随孝武帝讨灭弑父篡位的刘劭，深受孝武帝宠信，执掌朝政。 颜竣用来供养父亲的东西，颜延之一概不接受，居室屋宇和器用服饰都和以前一样。 有一天，颜延之乘坐瘦弱老牛拉的笨重车子出门，在路上遇到了颜竣出行的仪仗，立刻躲到路旁。 他经常对颜竣说：“我平生不喜欢见到达官贵人，如今不幸看到了你。”后来，颜竣要大修宅院，颜延之对他说：“你要小心行事，不要让后人笑你愚蠢。”有一天上午，颜延之去找儿子，看到颜竣门前聚集着许多来访的宾客，颜竣竟还没起床。 颜延之愤怒地冲到颜竣的床前，对他说：“你出身卑贱，现在身居高位，竟傲慢到这种地步，这难道是长久之道吗？”颜竣仍不收敛自己的行为，后来竟公然诽谤朝政、议论皇帝得失，结果被孝武帝处死。

## ◎娄师德教弟不与人争

娄师德是唐代宰相，生性宽厚。 有一年，他的弟弟被任命为代州刺史，赴任前来到兄长家中辞行。娄师德对弟弟说：“我如今担任宰相，你又担任代州刺史，我们家族得到的恩宠太盛，会招人忌妒，怎样才能保全性命呢？”弟弟说：“今后即使有人朝我脸上吐口水，我也不还嘴，把口水擦去就是了，绝不让你担心。”娄师德说：“这恰恰是我担心的。别人朝你脸上吐口水，是对你有怨气。你擦去口水，说明你不满别人的举动，别人就会更生气。所以你应该笑着接受，让唾沫在脸上自然变干。”

## ◎李宪让太子之位

李宪是唐睿宗李旦的嫡长子，唐玄宗李隆基的长兄，文明元年（684）曾被睿宗册立为皇太子。景云元年（710），睿宗再次登基，准备册立太子，因李宪是嫡长子，又曾经做过太子，而楚王李隆基有平定韦氏之乱的大功，所以睿宗感到很为难，久久不能决定。这时，李宪辞让说：“储君是国家的关键职位，天下太平时应先立嫡子，国家危难时应先立有功的皇子，这是为国家社稷考虑。如果所立的储君不是最合适的人，就会让天下人失望。儿臣冒死请求父皇立楚王为太子。”李宪流泪辞让太子之位，睿宗很赞赏他让贤的心意，就同意了。玄宗登基后，李宪恭谨自守，从不干涉朝政，深得玄宗的敬重和信任。李宪去世后，玄宗追怀他谦让的高尚品德，追谥为“让皇帝”。

## ◎岳飞教子让功

岳飞是南宋抗金名将，民族英雄。岳云是岳飞的长子，骁勇善战，屡立奇功，被军中称为“赢官人”。在攻下随州、登州和平定襄汉地区的战役中，岳云的功劳排在第一位，岳飞没有上报。过了一年，负责记功考核的官员为岳云分辩，岳云才被升为武翼郎。平定杨么起义中，岳云又是第一功，岳飞还是没有上报。张浚查访得知实情后，上奏请求推恩及其他的几次战功，岳飞极力推辞。宋高宗曾经特地下旨给岳云迁升三级官职，岳飞辞谢说：“士兵冒着飞箭石块立下奇功，只升一级。我的儿子岳云如果争着逾越众人得到高位，我靠什么来使众人信服呢？”他多次上表不肯接受。

## ◎董永教子戒骄

董槐是南宋大臣，曾任理宗朝宰相。他年少时喜习兵事，爱读孙武和曹操的兵书，有抱负，常对人说：“我如果能得到天子的任用，就能很快扫除中原的异族，将国土还给天子。”他还常以诸葛亮和周瑜自比。他的父亲董永教子甚严，听到儿子这么说，觉得儿子太狂妄了，便训斥他说：“如果不努力读书，只喜欢说大话，最终也不过是个狂妄的书生罢了。我不希望你成为这样的人。”听到父亲这么说，董槐心生惭愧，于是专心求学，曾拜在儒学大师朱熹的弟子辅广门下。董槐聪颖过人，学业长进很快，嘉定六年(1213)考中进士，踏入仕途。他为官后清廉正直，政绩卓著，朝野闻名。

## ◎张英教家人礼让邻居

清代名臣张英在老家桐城的府邸与吴家为邻，后来吴家要建新房，与张家在宅基地问题上发生了分歧。双方争执不下，将官司打到县衙。县官考虑到两家都是名门望族，不敢轻易了断。这时，张家人一气之下写了封加急信寄给张英，要他利用职权疏通关系，打赢这场官司。张英阅信后坦然一笑，挥笔写了一封信，并附诗一首："一纸书来只为墙，让他三尺又何妨？长城万里今犹在，不见当年秦始皇。"张家人接信后，明白了张英和睦邻里的良苦用心，于是主动让出三尺。吴家听说后深受感动，也主动让出三尺，因此便有了后人津津乐道的"六尺巷"。

## ◎张謇母教子谦虚

中国近代实业家张謇 12 岁时，他的父亲张彭年自辟家塾，延请先生教授张謇读书。有一天，一名武官骑马从书房门前经过，先生便出了个对子"人骑白马门前去"，要求张謇对出下联，张謇很快作答"我踏金鳌海上来"。张彭年当时就在私塾，听到儿子的对答很高兴，回来就把这件事告诉了妻子。张謇的母亲对丈夫说："儿子这样聪敏，实在是一件值得高兴的事。不过不要过于表扬他，因为他未来怎么样还说不准。"

# 诚信

## 待人以诚，光明磊落

诚信是一个人的立身之本和处世之基。诚信包括“诚”与“信”两个方面。“诚”重在内心修养，是“信”的内在自觉；“信”重在为人准则，是“诚”的外在表现。中国传统家庭注重诚信教育，将诚信视为一个人在社会上安身立命、维系良好人际关系的关键。

## ◎周成王桐叶封弟

周公是周成王的叔叔。成王即位时年龄很小，由周公代理朝政。周公制礼作乐，把周朝治理得井井有条。有一天，成王和弟弟叔虞一起在宫中玩耍。成王随手捡起落在地上的一片桐叶，削成玉圭的形状，送给叔虞，并对叔虞说："我把这个玉圭送给你，封你到唐国去做诸侯。"叔虞高兴地把这件事告诉了叔父周公。周公便去拜见成王，问他："天子要分封叔虞吗？"成王笑着说："那是我跟弟弟说着玩的，怎么能当真？"周公认真地说："天子无戏言啊！天子说的话，史官要记载，乐工要讽诵，士人要颂扬。"于是，成王选择吉日，正式封叔虞去唐国做诸侯。叔虞长大后励精图治，使唐国百姓安居乐业。

## ◎曾子杀猪

有一次，曾子的妻子要到集市上买东西，儿子哭闹着也要跟她去。曾子的妻子便哄孩子说："你先回去，我回家后给你杀猪炖肉吃。"孩子信以为真，高高兴兴地回去了。妻子从集市回来，看到曾子正打算杀猪，急忙阻止他说："我刚才是哄孩子的，你怎么能当真呢？"曾子对妻子说："孩子是不能哄骗的。小孩子本来就不懂事，要向父母学习，听从父母的教诲。你现在哄骗他，就是在教他骗人。母亲欺骗儿子，儿子就不会相信母亲了，这不是教育孩子的正确方法。"于是曾子把猪杀掉，给孩子炖肉吃了。

## ◎孟母买肉啖子

孟子小时候，有一次看到邻居家在杀猪，便好奇地问母亲：“邻居为什么杀猪？”孟母笑了笑，随口说道：“是为了给你吃肉啊。”她说完就后悔了，心说：“我怀着这个孩子的时候，不把席子摆正，我不坐；不把肉割正，我不吃，这都是为了对孩子进行胎教。现在他刚刚懂事，我却欺骗他，这不是在教他撒谎吗？”于是，孟母就去邻居家买了点猪肉给孟子吃，以表明自己没有欺骗他。

## ◎朱晖对友守信

朱晖是东汉官员，为人很讲信义。张堪与朱晖同县，16 岁时只身到长安求学，志向高远，又能砥砺操行，被人们称为“圣童”。张堪曾经在太学见过朱晖，很赏识他，把他当做朋友。有一天，他握着朱晖的手臂说：“我想把妻子儿女托付给您。”张堪当时已很有名望，朱晖只是拱手，没有答应下来。此后，两人再也没有见过面。张堪死后，朱晖听说张堪的妻子儿女生活贫困，于是亲自前往探视，送去了很多财物。朱晖的儿子觉得奇怪，便问父亲：“您和张堪并无深交，平日里也不见你们经常来往。现在您这样尽心资助他的妻儿，儿子不能理解您的行为。”朱晖说：“张堪曾经把我视为知己，说过让我照顾他的妻儿，我虽然口头上没有表示，但已经铭记在心了。”

## ◎陶侃信守亡母教

陶侃是东晋名将，每次跟同僚朋友聚会，饮酒都有一定限度，常常是兴致刚上来，就已经到了他给自己规定的限度。同僚朋友觉得不尽兴，劝他再饮一些。陶侃暗自悲伤了很久后，说：“我年轻时曾因饮酒误事，母亲生前叮嘱我饮酒一定要有限度。虽然她老人家已经去世了，但我至今不敢越过这个限度。”



## ◎孙盛诚信写史

孙盛是东晋史学家，为人刚正严明，博学多才，著有史书《晋阳秋》。书修成不久后，权臣桓温看到《晋阳秋》中记载了自己第三次北伐前燕时在枋头战败一事，恼羞成怒。他召来孙盛的儿子威胁说：“枋头之战我不过是失利了，哪里像你父亲书中记载的那么严重呢？如果这本书如此记载，传之后世，你们全家的性命可就不保了！”当时孙盛已经退休在家，他的儿子们都跪在他面前磕头哭泣，请求父亲考虑全家100多口人的性命，删改桓温战败的这段史实。孙盛听到儿子们这么说很生气，不肯删改，于是他的儿子们就偷偷改掉了这段文字。孙盛发觉后，就写了两本定稿，寄放在前燕慕容儁的家中。太元年间，孝武帝广泛寻求天下奇闻轶事，才在辽东得到了孙盛留下的《晋阳秋》，把它与孙盛儿子们改过的版本互相考证比较，发现有很多不同之处。桓温篡改历史的企图最终没能得逞。

## ◎赵柔教子诚信做生意

赵柔是北魏学者，为人宽厚仁爱，很讲信用。有一次，有人赠送赵柔几百个铁锹，赵柔便和儿子善明一起拿到集市去卖。有个人要买赵柔的铁锹，最终双方议定以20匹绢成交。这时，另一位商人要出30匹绢来买他的铁锹。赵柔的儿子看这个商人出价更高，便打算卖给这个商人。赵柔对儿子说：“与别人做交易，已经讲定了价钱，哪能为了更大的利益而改变主意呢？”最终，赵柔还是把铁锹卖给了那个最早要买的人。

## ◎陆元方卖宅不欺买主

陆元方是唐代官员，曾经在洛阳卖一所房子，跟买主谈好价格后，买主请求见面。陆元方告诉买主：“这所房子很好，就是房子里的水没法排到外面去。”买主听了以后就不买了。子侄们埋怨陆元方说了这样的话，导致房子卖不出去。陆元方说：“不说出实情，就是在欺骗别人啊！”

## ◎陈省华责子卖劣马

陈省华是北宋官员，官至谏议大夫，教子严而有方。他家中有一匹性情暴烈、不易驯服的马，曾经伤了很多人。一天，他走进马棚，没看到这匹马，便问仆人：“那匹马怎么不见了？”仆人说被少主人卖给一位商人了。陈省华马上叫来儿子陈尧咨，责备他说：“我们家里善于驯马的人尚且不能制服这匹马，那个商人又怎么能制服得了它呢？你这是转嫁祸害给别人啊！”他赶紧命人去追赶商人，退了商人的买马钱，把马牵了回来，一直把这匹马养到死。

## ◎司马池教子以诚

司马池是北宋官员，政治家、史学家、文学家司马光的父亲。司马光小的时候，有一次玩一个青核桃，他姐姐想替他剥青核桃皮，怎么也剥不掉。姐姐离开后，一个女仆把青核桃放在开水里烫了一下，皮很容易就剥了下来。姐姐回来一看很惊讶，便问司马光是谁把皮剥下来的，司马光得意地说："是我自己剥下来的。"不料，整个过程都被司马池看见了，他责备儿子说："你怎么可以说谎话？"从此以后，司马光再也不说谎了。

## ◎刘庭式信守婚约

刘庭式是宋代官员，为人有修养、懂礼仪。考中进士前，刘庭式曾经想要迎娶家乡的一个女子为妻，与她立下了婚约，只是还没有下聘礼定亲。等到刘庭式高中进士时，那个女子却因病双目失明了。再加上女子家中以务农为生，非常贫穷，两人此时地位差异太大，所以盲女和家人不敢再向刘庭式提起婚约之事。同时，乡里也有人劝刘庭式娶盲女的妹妹为妻。刘庭式听后笑着说："我心中已经决定娶她做妻子。虽然她因生病而双目失明，我怎么能违背当初的本心呢？"刘庭式果然遵守婚约，迎娶了盲女。婚后，他对盲妻呵护备至，调任密州通判后，还把盲妻接到任所团聚。盲女在为刘庭式生了几个孩子后病逝了，这让刘庭式十分哀伤，终生不肯再娶。

## ◎李潜禁子侄假冒籍贯

李潜是宋代名臣、理学家，生性耿介，爱民如子。他从虔州到京师开封任职启程前，子侄们表示想要一同去京师。李潜问他们为什么要去，子侄们回答说：“科举考试临近，想要提前到京师，获得开封的户籍应试，这样相对容易考中。”李潜不答应，对他们说：“你们明明是虔州人，如果通过不正当手段获得开封的户籍，这不是为了考中欺骗天子吗？宁可迟几年考中，也不能做这种事！”

## ◎张謇父拾金不昧

清末状元张謇的父亲张彭年以种田为生，兼营制糖作坊。虽然生活清苦，但张彭年诚实厚道，讲诚信，从不弄虚作假。有一天傍晚，张彭年上厕所时看到厕壁的芦苇杆上挂着一只钱袋，里面装着角子、铜钱、银元，心想一定是上厕所的人遗忘在这里的，便在此等候。不久，他果然见一个人满头大汗地跑来寻找钱袋，张彭年把钱袋交给了这个人。这个人当即下跪，并要酬谢张彭年，被张彭年婉言拒绝。后来，这个人又买了礼品上门酬谢，并表示愿意负担张彭年孩子们的上学钱，张彭年再一次婉拒了他。

# 明智

## 洞察事理，通达人情

《老子》中说：“知人者智，自知者明。”明智通常是指虑事有远见，通达事理，观察敏锐，能做出恰当、正确的判断和选择。中国古人在长期的生产生活中，积累了丰富的智慧，如忧患意识、刚柔并济、知足常乐、急流勇退等。无数历史经验告诉我们，只有那些既能了解自己又能了解别人的人，才能拥有大智慧，才能创造出伟大的成就。

## ◎孙叔敖诫子求封山地

孙叔敖病危时告诫儿子：“之前大王多次封赏我，我都不肯接受。我死后大王一定会封赏你土地，你只可以接受我们楚国和越国交界的一块叫寝的山地。这地方土壤贫瘠，名字也不好，楚国人敬畏鬼神，越国人迷信鬼神和灾祥之事。你选择了这块封地，日后就不会被他们抢夺，能长久保有。”孙叔敖死后，楚王果然要封赏孙叔敖的儿子土地，孙叔敖的儿子遵从父亲的遗愿，请求楚王封赏自己那块叫寝的山地，最终得以长久地保有那块封地。

## ◎杨朱劝弟勿打狗

杨朱是战国时期思想家，是“杨朱学派”的创始人。有一天，杨朱的弟弟杨布穿件白衣出门了。不巧天下大雨，杨布就脱下白衣，换上黑衣返回家中。他家的狗没认出杨布，就冲上前对着他叫个不停。杨布很生气，准备打狗。这时杨朱出来说：“弟弟不要打狗，换作是你也会这样做。你想想，如果你的狗出去时是白色的，回来却变成了黑色的，你难道不觉得奇怪吗？”

## ◎孟尝君劝父礼贤

孟尝君，名田文，战国“四公子”之一，齐国宗室大臣。田文的父亲田婴是齐威王之子，号靖郭君，生有40多个儿子。田文是田婴的一个小妾所生，因为生于五月五日，田婴便对田文的母亲说：“别养活这个孩子。”但田文的母亲不忍心，偷偷把田文养活了。田文长大后，母亲便通过田文的兄弟把田文引到田婴面前。田婴十分愤怒，对田文的母亲说：“我让你把他扔了，你为什么还要偷偷养活他？”母亲还没回答，田文对父亲叩头说：“您为什么不愿养活五月生的孩子？”田婴回答说：“五月生的孩子，长大了跟门户一样高，会害死父母的。”田文问道：“人的命运由上天决定，还是由门户决定？”田婴不知如何回答，沉默不语。田文接着说：“如果命运由上天决定，您又何必忧虑？如果由门户决定，只需加高门户就可以了，谁又能长得多高呢？”田婴无言以对。

过了一段时间，田文问父亲：“儿子的儿子叫什么？”田婴回答说：“孙子。”田文接着问：“孙子的孙子叫什么？”田婴回答说：“玄孙。”田文又问：“玄孙的孙子叫什么？”田婴说：“这我就不知道了。”田文说：“您执掌大权，已辅佐过三代齐王了。齐国的领土没有增加，您却积累了万金财富，且您的门下也没有贤士。儿子听说将军的家里必出将军，宰相的家里必出宰相。如今您的姬妾可以践踏绫罗绸缎，贤士却连粗布衣服也穿不上。您的奴仆们有吃剩的肉羹，贤士却连粗粮也吃不饱。您现在还在大量积聚财富，准备留给那些连名字也叫不上来的子孙后代，却忘记国家的力量在一天天削弱。我私下里感到很奇怪。”田文的睿智让田婴很赞赏，他开始器重这个儿子，让他主持家政，接待宾客。随着宾客来往不断，田文也闻名于各诸侯国。田婴去世后，田文继承了田婴的食邑和爵位，以“广招宾客，礼贤下士，食客三千”而闻名。

## ◎萧何为子孙留陋室

萧何是西汉开国丞相。他每次购置田宅的时候，一定会选择贫穷偏僻的地方，建造房宅却不修筑围墙。他对子孙们说："你们以后如果贤能，就效法我节俭的作风；如果不贤能，田宅也不会被有钱有势的人家抢夺，可以长久地保有。"

## ◎陈婴母教子不称王

陈婴是西汉官员，年轻时注重修养道德品行，在乡里很有名望。秦末天下大乱，东阳人聚集了两万多起义军，想拥戴陈婴为王，推翻暴秦。陈婴的母亲对他说："我自从嫁到你们陈家后，没有听说你们祖先里有尊贵的人。你现在一下子声名很大，这不是一件吉利的事情。还不如归属于别人的队伍，如果成功的话可以封侯，失败的话不容易引起别人的注意，容易逃亡。"陈婴听从母亲的话，不敢称王，率领士兵投靠了楚将项梁。项梁死后，陈婴随项羽征战。项羽死后，陈婴降汉，后来被封为堂邑侯。

## ◎疏广教侄急流勇退

疏广是西汉官员，曾担任太子太傅，他的侄子疏受曾任太子少傅。两人都被汉宣帝器重，负责教导太子的学业。朝见皇帝时，太傅在前，少傅在后，显得十分荣耀。两人尽心教导太子五年，终使太子学业有成，12 岁时就通晓《论语》《孝经》。疏广对疏受说："我听说'知道满足的人不会受到羞辱，知道节制的人不会遇到危险''功成名就后及时隐退，这符合天道'，如今我们叔侄二人已经做到二千石的高官，名声显赫，到这种地步还不隐退，恐怕将来会后悔啊！不如一起离开京都，告老还乡，这不也很好吗？”疏受说：“侄子听从您的教诲。”于是两人称病辞官，宣帝批准了他们的请求，并赐给他们黄金以示奖赏。

## ◎班婕妤向夫辩诬

班婕妤是汉成帝的嫔妃，聪明伶俐，善诗赋，有美德。成帝起初很宠爱班婕妤，与她形影不离。自从赵飞燕、赵合德姐妹进宫后，成帝沉湎于声色犬马之中，逐渐冷落了班婕妤。后来，赵氏姐妹又诬陷班婕妤诅咒自己和皇帝，成帝愤怒，审问班婕妤。班婕妤对成帝说：“臣妾听说‘死生有命，富贵在天’。整日做好事还不一定能获得福报，做坏事又能妄想得到什么呢？鬼神如果有知，就不会接受邪恶的诅咒；鬼神如果无知，诅咒又能有什么用呢？所以臣妾不会做这样的事情。”成帝觉得班婕妤说得有理，又念在昔日的恩爱之情，不予追究，且厚加赏赐，来弥补心中的愧疚。此时的班婕妤也认清了宫中的形势，为保全自己，她向成帝请求前往长信宫侍奉王太后。成帝答应了她的请求。

## ◎刘廙劝兄远祸

刘廙是汉末魏初名士，曾跟随兄长刘望之一起投奔荆州牧刘表。后来，刘望之的两个好朋友都因受人谗言诋毁，被刘表杀害。刘望之就以政见不合为由，弃官回家了。刘廙对兄长说：“春秋末年，赵简子杀害了两位贤士，孔子得知后掉转车轮离开了晋国。如今兄长既然不能效仿柳下惠与世无争，就应该学习范蠡躲到偏远的地方去。留在这里就是白白等死，太危险了，怎么可以这样呢？”刘望之不肯听从刘廙的劝告，不久就被刘表杀害了。刘廙很恐惧，急忙逃奔扬州，最后归附了曹操。



## ◎许允妻救夫

许允是三国时期曹魏官员。他担任吏部郎的时候，多任用同乡为官。魏明帝得知后，以为许允徇私舞弊，派侍卫去逮捕许允。许允被抓后，他的妻子阮氏光着脚跑出来叮嘱丈夫：“你记得，跟英明的君主只能讲道理，求情是没有用的。”许允被逮捕后，家人都号哭不止，以为大祸临头。阮氏却神态自若，跟家人说：“你们别担心，夫君一会儿就回来了。”她还煮好小米粥等着许允回来。明帝亲自审问许允，许允回答说：“孔子说‘举荐你所了解的贤才’，臣的同乡正是臣所了解的人。陛下可以去核实他们是否称职，如果不称职，臣甘愿接受惩罚。”明帝派人考察后，发现许允所推荐的人都能胜任自己的职位，才知道许允用人得当，不仅把他放了，还赏赐新衣服给他。

## ◎许允妻教子避祸

许允被权臣司马师杀害后，他的门生跑回家告诉阮氏。阮氏当时正在织布，听到这个消息后神色一点儿也没有改变，说：“我早料到会有这一天。”门生害怕司马师不放过许允的孩子们，打算把他们藏起来。阮氏说：“不关孩子们的事，不用躲藏。”后来，阮氏和孩子们搬到许允的墓地旁居住。司马师派钟会前去打探，并吩咐说，如果许允的孩子们在才德上胜过他父亲，就逮捕他们。孩子们很害怕，问母亲该怎么办，母亲说："你们虽然都不错，但目前还没有多少才能见识。因此在钟会面前想说什么就说什么，不用担忧。不要表现得太哀伤，钟会不哭了你们也别哭了，还可以稍微问一点朝廷政事。"孩子们遵照母亲的话去见钟会，钟会回去后，把情况告诉了司马师。就这样，许允的孩子们躲过了这场灾祸。

## ◎桓冲妻劝夫穿新衣

桓冲是东晋名将，不爱穿新衣服。有一次洗完澡，他妻子故意让人给他送来了新衣服。桓冲大怒，让人把新衣服拿走。妻子又让人把新衣服拿了回来，对桓冲说："不穿新衣服，哪来旧衣服可穿呢？"桓冲听了哈哈大笑，终于换上了新衣服。

## ◎窦氏劝舅亲近皇后

唐高祖李渊之妻窦氏是北周武帝的外甥女，聪慧刚毅，仁孝有礼。武帝十分疼爱她，将她接入宫中抚养。当时，武帝为求得突厥之力灭掉北齐，娶突厥可汗的女儿阿史那氏为皇后，但与皇后关系比较疏远。窦氏当时还很年幼，私下对武帝说："国家边境还未平定，突厥实力强大，希望舅舅控制自己的情感，多抚慰皇后，以此来获得突厥的帮助，这样江南和关东也不能阻碍我们了。"武帝十分赞许窦氏的话，从此转变了对突厥皇后的态度。

## ◎窦氏巧释“阿婆面”慰夫

隋炀帝杨广和唐高祖李渊是表兄弟。隋炀帝统治时期，流行谶纬学说，民间有“扫尽杨花落，天子季无头”的童谣，暗示李姓天子会夺取杨家天下。炀帝对此十分忌惮，暗中提防姓李的人，因而很排斥表哥李渊。有一次，宫中举行宴会，李渊应邀赴宴。炀帝瞪着眼睛对李渊说：“表哥满脸皱纹，丑得像个老太太！”宴会结束后，李渊很沮丧地回到家中。妻子窦氏看到丈夫闷闷不乐，便问他原因。李渊过了很久才说：“皇上羞辱我是‘阿婆面’。”窦氏听了向丈夫贺喜说：“您七岁袭封唐国公，‘唐’就是‘堂’的意思，‘阿婆’又称‘堂主’。”听窦氏把“堂主”谐音成“唐主”，李渊心里非常高兴，沮丧的情绪一扫而光。

## ◎长孙皇后巧计保贤臣

唐太宗有一次下朝回宫，怒气冲冲地对长孙皇后说：“我以后一定要找机会杀了那个乡巴佬！”长孙皇后问道：“是谁惹怒了陛下？”太宗回答说：“魏征今天又在朝堂上羞辱我。”长孙皇后听后，默默退下，换上皇后朝服后，又走到太宗面前表示祝贺。太宗十分惊奇，问她的用意。长孙皇后说：“我听说君主开明，臣下就正直敢言。如今魏征敢于直言劝谏，表明陛下开明，我怎能不祝贺陛下呢？”太宗听后转怒为喜，从此更加重视魏征。

## ◎白居易教子弟刚柔并济

唐代大诗人白居易晚年得子但不幸夭折，因而把所有精力放在教育侄子们上。一日，他遇物有所感，写了一首诗，告诉侄子们刚柔并济的道理："圣择狂夫言，俗信老人语。我有老狂词，听之吾语汝。吾观器用中，剑锐锋多伤。吾观形骸内，骨劲齿先亡。寄言处世者，不可苦刚强。龟性愚且善，鸠心钝无恶。人贱拾支床，鹘欺擒暖脚。寄言立身者，不得全柔弱。彼固罹祸难，此未免忧患。于何保终吉，强弱刚柔间。上遵周孔训，旁鉴老庄言。不唯鞭其后，亦要轭其先。"

## ◎白居易教子弟知足常乐

白居易晚年时对侄子们言传身教，告诉他们知足常乐的人生道理："世欺不识字，我忝攻文笔。世欺不得官，我忝居班秩。人老多病苦，我今幸无疾。人老多忧累，我今婚嫁毕。心安不移转，身泰无牵率。所以十年来，形神闲且逸。况当垂老岁，所要无多物。一裘暖过冬，一饭饱终日。勿言舍宅小，不过寝一室。何用鞍马多，不能骑两匹。如我优幸身，人中十有七。如我知足心，人中百无一。傍观愚亦见，当己贤多失。不敢论他人，狂言示诸侄。"

## ◎柳玭夸人施教化

柳玭是唐代官员，官至御史大夫。他担任泸州刺史时，渝州有位姓牟的秀才，是都校牟居厚的儿子。他爱好文学，但没有什么文采，拿着自己的作品来拜见柳玭。柳玭很殷勤地称赞他，子弟们认为他称赞过分了。柳玭说："巴蜀地区豪杰侠士很多，牟居厚的儿子却喜欢读书作文，如果我不诱导激励他，他可能会失去兴趣。我称赞了他，别人一定会以读书为荣，因此能施行教化，减少三五个乱民，不也是件好事吗？"

## ◎吴育叹古画之崇实

吴育是北宋大臣，官至参知政事。吴育和欧阳修是儿女亲家。欧阳修曾经得到一幅古画，画面上是一丛牡丹，牡丹丛下蹲着一只猫，但无法判断这幅古画的水平高低。吴育一见这幅画就说："这画的是正午的牡丹。怎么证明呢？牡丹花朵张开下垂，颜色发干，这是被正午阳光照射后的样子。牡丹丛下的猫，瞳孔像一条线，这是正午时的猫眼。如果是早晨带着露珠的花，那么花心是聚拢收敛着的，花色鲜丽润泽。猫的瞳孔在早晨和傍晚都是圆的，渐近中午时就变得狭长，到正午时就像一条线了。"

## ◎辛弃疾骂子贪富贵

南宋绍熙五年（1194），55岁的辛弃疾打算辞官归家。辛弃疾的儿子对他说家中田产还没有购置齐全，请求父亲先别辞官。辛弃疾因而写了《最高楼》一词来骂儿子："吾衰矣，须富贵何时？富贵是危机。暂忘设醴抽身去，未曾得米弃官归。穆先生，陶县令，是吾师。

待葺个园儿名‘佚老’，更作个亭儿名‘亦好’，闲饮酒，醉吟诗。千年田换八百主，一人口插几张匙？便休休，更说甚，是和非！”

## ◎廉希宪教弟理政之道

廉希宪是元代名臣，官至平章政事。当时，担任中书省右丞相的是宋朝降将刘整。刘整拜见廉希宪时，廉希宪的弟弟帮他通报了两次，廉希宪才肯让他进来，但没有请刘整就座，最后刘整羞愧地离开了。刘整离开后不久，有些在外漂泊、饥寒交迫、衣着破旧的南宋士人，带着袖里藏着的诗文，请求拜见廉希宪。廉希宪的兄弟都嘲笑他们狼狈不堪，廉希宪却急忙命人安排座椅，准备酒食。廉希宪亲自到大门外，把士人们迎入家里，陪他们坐着，摆出酒食，礼节非常恭敬，并且记下他们的住所。很多士人只说自己的困难之处，请求回家乡去。廉希宪第二天就上奏元世祖，满足了他们的请求。这天晚上，廉希宪的兄弟们问：“刘整元帅是皇上倚重和信任的大臣，你对他十分轻视；江南的穷秀才，你却倍加礼遇。我们实在不能理解啊。”廉希宪回答说：“我是国家的大臣，一言一行都至关重要。刘整虽然尊贵，却是出卖祖国、背叛君主的人，所以我羞辱他，让他知道忠于君主的重要性。至于那数十个秀才，都是效法孔子的人。在宋朝，他们既没能坐上朝堂，也没能参与宴会，而我们的国家崛起于北方大漠，礼教几乎断绝，如果我不尊重礼待文人，那么儒教将失传了。”

## ◎胡九韶慰妻知足常乐

明代有个叫胡九韶的读书人，家中很贫穷。他一边教儿子读书一边种地，只能勉强维持温饱。每天太阳落山后，他会点一炷香，感谢上天又赐给他一日福气。妻子笑他说：“一日三餐都只吃得起菜粥，这叫什么福气呀？”胡九韶回答说：“我们有幸生活在太平盛世，没有遭遇战乱；全家人安居乐业，没有挨饿受冻；家中没有卧床的病人，监狱中没有犯法的亲人，这难道还不算福气吗？”



## ◎陈廷敬劝弟知足

清代重臣陈廷敬居官恪慎清勤，德高望重。他的四弟陈廷愫曾做过知县，六年期满后，给陈廷敬写了一封信，想让哥哥为自己在京城谋得一官半职。陈廷敬没有这么做，而是给弟弟写了一封家书，抄录了唐代诗人白居易的《池上篇》：“十亩之宅，五亩之园。有水一池，有竹千竿。勿谓土狭，勿谓地偏。足以容膝，足以息肩。有堂有庭，有桥有船。有书有酒，有歌有弦。有叟在中，白须飘然。识分知足，外无求焉。如鸟择木，姑务巢安。如龟居坎，不知海宽。灵鹤怪石，紫菱白莲。皆吾所好，尽在吾前。时饮一杯，或吟一篇。妻孥熙熙，鸡犬闲闲。优哉游哉，吾将终老乎其间。”陈廷愫心领神会，听从了兄长的建议，称病辞官，返回故里，赡养父母，以终天年。

## ◎何梅谷止妻念经

何梅谷是一位儒士。他的妻子将近老年时开始信奉佛教，从早到晚要念上千遍“观音菩萨”。何梅谷想阻止妻子念经，怕妻子不肯听；不阻止妻子，又怕被儒生们嘲笑。有一天，他再三呼喊妻子，到晚上也不停地喊。妻子生气地对他说：“你怎么这么聒噪呢？”何梅谷语气和缓地对妻子说：“我才叫了你半天，你就已经生我的气了。观音菩萨一天被你叫上千百遍，怎么能不对你发怒呢？”妻子明白了丈夫的意思，便不再那样念经了。

# 敬 业

## 忠于职守，笃学不倦

中华民族素有“敬业乐群”“在其位谋其政”的优良传统。大禹治水“三过家门而不入”，诸葛亮治蜀“鞠躬尽瘁，死而后已”，都是古代敬业精神的典范。千千万万个家庭如果都传承敬业的精神，将会为整个国家的发展汇聚强大的动力。

## ◎姜后脱簪劝夫勤政

西周时期周宣王的王后姜后，为人贤淑守礼。周宣王曾经早睡晚起，不出王后的房门，疏于朝政。姜后十分担忧，于是摘掉了耳环和簪子，来到永巷请罪，并让一位负责辅导、保育贵族子女的老妇人转告宣王说：“臣妾无才无德，滋生安逸享乐之心，引得君王懒于朝政，给人留下贪恋女色、不修德行的印象。贪恋女色，就会让人穷奢极欲，造成社会动乱。动乱产生的根源，就是从臣妾生出享乐之心开始的。希望您治臣妾的罪。”宣王听到这番话，如梦初醒，惭愧不已，赶到永巷对姜后说：“寡人不修德行，这是寡人的过错，并非是夫人的错啊。”从此，宣王勤于政事，早起晚睡，任用贤臣，使国家得以中兴。

## ◎重耳妻劝夫进取

晋文公重耳是春秋时期晋国国君，“春秋五霸”之一。当初为躲避父亲宠妃骊姬的迫害，重耳等人来到了齐国。齐桓公给重耳娶了妻子，并送给他 20 乘车马，让他在齐国安享富贵。跟随他的人认为不能这样下去，暗中打算离开，于是在桑树底下商议计划。当时，育蚕的女奴正好在桑树上采桑，就把这件事报告给了重耳的妻子姜氏。姜氏杀掉了告密的女奴，然后对重耳说：“你有远大的志向，打算离开齐国？听到你们秘密的人，已经被我杀掉了。”重耳说：“没有这回事。”姜氏说：“你还是快走吧，留恋儿女私情，贪图安逸的生活，会败坏你的名声。公子不能再这样下去。”晋文公还是不愿放弃安逸的生活，姜氏便与重耳的下属狐偃合谋，灌醉重耳，然后用马车载着他离开了齐国。此后，重耳辗转去了曹、宋、楚、秦等国，最终在秦穆公的支持下回国即位，成就了霸业。

## ◎樊姬劝夫用贤臣

樊姬是春秋时期楚国国君楚庄王的夫人。有一天，楚庄王下朝晚了，樊姬问他原因，庄王说："今天和贤相谈论朝政，不知不觉就晚了。"樊姬问："大王说的贤相是谁啊？"庄王说："当然是虞丘子啊。"樊姬听了捂着嘴笑，庄王问她为什么发笑，樊姬回答说："我很荣幸能够侍候大王，不是不想独得大王恩宠，而是认为那样有损大王的形象，所以向大王推荐了几名贤德的嫔妃。现在虞丘子担任我们楚相已经十多年了，却没有向大王举荐过一个贤才。他如果知道谁是贤才却不举荐，那就是对大王不忠；他如果不知道谁是贤才，那就是不智。一个不忠不智的人，怎么能称得上贤相呢？"楚庄王觉得樊姬说得有道理。第二天，楚庄王把樊姬的话告诉了虞丘子，虞丘子十分惭愧，于是辞去相位，向楚庄王举荐了贤能的孙叔敖。在孙叔敖的辅佐下，楚庄王施教导民，宽刑缓政，发展经济，使楚国国富民强，楚庄王也因此成为"春秋五霸"之一。

## ◎孔子庭训

孔子的儿子名叫孔鲤。有一次，孔子独自站在庭院中，看到孔鲤从庭院中恭敬地走过，就问他："你学《诗》了吗？"孔鲤回答说："还没有。"孔子便说："不学《诗》，就说不好话。"于是孔鲤回去学

《诗》。又有一天，孔子独自站在庭院中，看到孔鲤从庭院中恭敬地走过，便问他："你学礼了吗？"孔鲤回答说："还没有。"孔子便说："不学礼，就无法在社会上立足。"于是孔鲤就回去学礼。



## ◎孟母三迁

孟子小时候住在离墓地很近的地方，经常学着大人跪拜、哭嚎的样子，玩祭奠死者的游戏。孟母看到后，认为这个地方不适合孩子居住，于是将家搬到了集市旁边。结果孟子又学会了商人做买卖和屠夫杀猪的样子。孟母认为这个地方也不适合孩子居住，便又搬了一次家，把家搬到了学宫旁边。孟子在学宫旁边，耳闻目睹，学会了鞠躬行礼及进退的礼节。孟母看到后欣慰地说："这才是孩子应该居住的地方。"于是就在这里定居下来了。

## ◎孟母断织教子

孟子小时候，有一次放学回家，孟母正坐在织机前织布。看见孟子回来，孟母便问他："你最近学习怎么样了？"孟子漫不经心地回答说："还跟以前一样。"孟母见他无所谓的样子十分恼火，就用剪刀剪断了织好的布。孟子见状害怕极了，忙问母亲为什么剪断了辛苦织好的布。孟母对他说："你荒废学业，就如同我剪断了织好的布。君子学习是为了树立名声，多问才能增长知识。如果荒废了学业，就不免于做下贱的劳役，难于避免祸患。这和女子织布有什么不一样呢？假如中途废弃不做，哪能使丈夫和儿子有衣服穿呢？女子如果失去她赖以生存的技艺，男子懈于修养德行，将来不是去做小偷，就是被奴役。”孟子听后吓了一跳，自此勤学不辍。

## ◎赵武灵王劝叔父

赵武灵王是战国时期赵国国君，富有才略，勇于变革。赵武灵王即位时，赵国国力不强，经常受中原大国欺侮，林胡、楼烦等游牧民族也不时骚扰，连邻境小小的中山国也时常进犯。为了提高赵国的军事实力，赵武灵王准备向胡人学习，改穿胡服，学习骑射。这一改革措施很快就遭到贵族的强烈反对，其中带头反对的就是赵武灵王的叔父公子成，竟称病不来上朝。为了争取叔父的支持，赵武灵王派人对他说：“家里做决定时应听从双亲，处理国政时应听从国君。现在寡人让百姓改穿胡服，叔父您不肯穿，恐怕天下人会议论我吧？治理国家有一定的纲常，总以有利百姓为根本；处理政事有一定的原则，总以政令施行为重。施行教化要先让百姓明白，推行法令则必须从贵族做起。所以我想借助叔父的声望，完成让百姓改穿胡服的功业。”公子成听完，拜了两拜，说：“臣听说中原地区是圣贤推行教化的地方，是礼乐能够施行的地方，是远方国家前来游观的地方，是夷狄国家学习效仿的地方。现在大王舍弃中原的服饰，改穿夷狄的服饰，违背了祖制和人心，希望您三思而行！”使者将公子成的话回报赵武灵王，赵武灵王便亲自登门向叔父解释说：“我国东面有齐国、中山国，北面有燕国、东胡，西面有楼烦，还与秦国、韩国接壤。如果没有骑马射箭的军事训练，靠什么守住国土呢？过去中山国依靠齐国强兵的帮助，侵犯我国的领土，掠夺我国的百姓，又引水围灌鄗城。如果不是有祖先和神灵的保佑，鄗城差点就守不住了。先王以这件事为奇耻大辱，所以寡人决心改穿胡服，苦练骑射，提升军队战斗力来保卫国家的边境，报中山国欺凌之仇。而叔父您一味遵循中原的旧俗，厌恶换成夷狄的服装，忘记了水灌鄗城的耻辱，实在令寡人失望啊！”公子成听了赵武灵王的一番话，幡然醒悟，表示愿意支持这项改革，第二天便穿着赵武灵王赐给他的胡服入朝了。那些守旧的贵族看到公子成穿着胡服上朝，也就不再反对了。于是，赵武灵王正式颁布法令，规定在赵国全境实行胡服骑射。通过这项改革，赵军的战斗力大大提升，使赵国成为战国后期唯一能够与秦国抗衡的东方强国。

## ◎刘邦劝太子勤学

汉高祖刘邦病危时，给太子刘盈下了一封诏书。诏书中说：“我早年生活在乱世之中，正赶上秦始皇焚书坑儒、禁止百家之学，我当时还很高兴，觉得读书没什么用。直到登基以来，才明白读书的重要性，于是通过别人讲解来了解著作者的意思。回想自己从前的行为，发现有很多做错的地方。古代尧舜不把天下传给儿子却传给别人，不是舍得天下，而是因为他们的儿子没有能力。人们尚且舍不得把好的牛马送给别人，更何况是天下呢？你是我的嫡长子，我早就想立你为太子。大臣们都称赞你从商山招来了四位贤德的朋友，我曾经多次征召他们都不肯来，现在他们却能出山效忠你，可见你有能力承担大事，现在我立你为太子。我平生没学过书法，只是在读书问字时了解了一些，因此字虽然写得不太工整，也算能表达自己的意思。现在我看你写的字还不如我，你应当勤学苦练，每次呈上的奏折应该亲自写，不要让手下人替你写。萧何、曹参、张良、陈平这几位大臣，都是我的同辈人，年龄比你还大一倍，见到他们时你应该依礼下拜。这话你也要转告你的弟弟们。我现在重病缠身，只好把戚夫人和如意这对母子托付给你照顾。我其他的儿子都可以自立了，可怜如意年纪还小。”

## ◎司马谈嘱子撰写史书

司马谈是西汉史学家，他的儿子就是司马迁。司马谈十分重视对儿子的教育，让他向名师学习，指导他读万卷书，要求他行万里路，进行全国的漫游考察。元封元年（前110），汉武帝赴泰山封禅，司马谈途中染病留在洛阳，未能继续随行，深感遗憾。弥留之际，他握着司马迁的手流着泪说道：“我们的祖先是周朝的太史。远在上古的虞舜时代到夏代便功名显著，主管天文之事。随后事业开始衰落，难道会断送在我的手里吗？如果你再做太史，就可以继承祖先的事业了。当今天子继承千年以来的传统，在泰山举行封禅大典，我却因病不能随行，这是命啊，这是命啊！我死以后，你一定要接替我做太史；做了太史后，千万不要忘记我想要撰写的史书啊。孝道始于奉养父母，进而侍奉君主，最终立足于社会。名声传扬于后世，使父母因你得到荣耀，这是最大的孝啊。天下人称赞歌颂周公，正是因为他能论赞歌颂周文王、周武王的功德，宣扬自己和召公的风尚，通晓太王、王季的心思，再上推到公刘的功业，以推崇始祖后稷。周幽王、周厉王以后，王道断绝，礼乐衰微，孔子于是整理旧有的典籍，振兴被废弃的礼乐，整理《诗》《书》，写作《春秋》，学者至今都效法他。从鲁哀公十四年猎获麒麟，孔子作《春秋》绝笔四百多年来，那段时期诸侯互相兼并，史书被废弃。如今汉朝处于盛世，天下一统，对于出现的贤明君主和忠臣义士，我身为太史，却没能将他们记载评论，断绝了天下修史的传统，我为此感到忧惧，你一定要记得我撰写史书的志向啊！”司马谈遗命中强烈的修史愿望对司马迁产生了深刻的影响，成为司马迁日后撰写《史记》的精神支柱和强大动力。

## ◎王章妻勉夫奋发

王章是西汉大臣，字仲卿。他年轻时家里非常贫穷，在长安求学时与妻子住在一起，生活十分艰难。有一次，他生了病，没有御寒的被褥，只好蜷缩在给牛御寒用的蓑衣一类的东西中发抖。王章认为自己活不成了，便哭着与妻子诀别，结果妻子愤怒地斥责他说：“仲卿啊！你说朝廷中的达官贵人，谁的才学能比得上你？你现在生了病，处境困顿，不想着奋发昂扬，走出困境，一展宏图，却哭哭啼啼地话别，实在太浅陋了啊！”王章听了妻子这番话，暗自惭愧。病愈后他发奋读书，学成出仕，累官至京兆尹。

## ◎班婕妤劝夫做圣贤之君

班婕妤是汉成帝的嫔妃，貌美多才且有美德。成帝很喜爱班婕妤，为了能与班婕妤形影不离，他特意命人制作了一辆较大的辇车，以便同车出游，但遭到了班婕妤的拒绝。班婕妤对成帝说：“古代的圣贤之君，身旁都有贤臣。只有夏商周三代的亡国之君夏桀、商纣和周幽王，他们的身旁坐着宠妃。现在臣妾与陛下一同乘辇车出行，跟他们不是很相似吗？”成帝认为她说得有道理，便不再要求和班婕妤同车了。当时，成帝的母亲王太后听说班婕妤以理制情，不与皇帝同车出游，非常赞赏，对左右的人说：“古有樊姬，今有班婕妤。”王太后把班婕妤与春秋时期楚庄王贤德的夫人樊姬相提并论，是对班婕妤最大的嘉勉。

## ◎乐羊子妻劝夫有恒

西汉时，河南有个叫乐羊子的人，到远方去拜师求学，仅过了一年就回到家中。妻子问他为什么这么快回来，乐羊子回答说：“我出门在外久了，心中思念家人，也没有别的要紧事。”妻子听乐羊子这么说，就拿起刀快步走到织机前说：“这些帛都是从蚕茧中生出，在织机上织成。一根丝一根丝积累起来，才达到一寸长，一寸一寸地积累起来，才能成丈成匹。我如果割断了它，就放弃了成功，荒废了时光。你积累学问，就应当‘每天都学到自己不懂的东西’，将来才能成就美德。你学业未成就中途回来了，跟我割断辛苦织出来的帛有何不同呢？”乐羊子听后有所感悟，于是重新回去完成学业，一连七年都没有回来过。

## ◎光武帝乐于理政

光武帝刘秀统一天下后，面对百废待兴的局面，他励精图治，勤于政事。每天天刚亮就上朝理政，太阳偏西才会下朝，还多次与高官、各部的郎官、将领等文武大臣讲谈议论经书的义理，直到半夜才去睡觉。太子见光武帝如此勤政，丝毫不懈怠，就趁闲暇时劝谏道：“父皇像夏禹和商汤那样贤明，却没有享受到黄帝和老子养生带来的福分。儿臣希望您保养精神，享受安宁的生活。”光武帝笑着对太子说：“朕勤于政务时也能感到快乐，完全不觉得疲惫。”



## ◎曹操勉子奋发进取

曹操有一次亲自率军攻打东吴，让儿子曹植留守邺城，并告诫他说：“我担任顿丘令的时候，才23岁。想起那时的所作所为，到现在都没有后悔。你今年也已经23岁了，要勉励自己啊！”

## ◎刘备勉子读书学习

刘备临终前，留给儿子刘禅一封诏书，诏书中说：“我最初不过是得了痢疾而已，后来又加上其他的疾病，只怕不能好起来了。人活到五十岁死去就不能叫短命，我现在已经六十多岁了，还有什么可遗憾的呢？也不再自我伤感了，只是挂念你们兄弟几个。射援先生之前来过，跟我说丞相称赞你的智慧与气度增长了很多，比我们所期望的还要好。果真如此，我还有什么可担忧的呢？你一定继续努力啊！不要因为坏事很小就去做，也不要因为善事很小就不去做。只有具有才能、品行高尚的人，才能使别人信服。为父德行浅薄，你不要把我当做榜样。应该多读《汉书》《礼记》，空闲时浏览先秦诸子的著作和《六韬》《商君书》，读这些书可以增长见识和才智。我听说丞相已经为你抄好了《申子》《韩非子》《管子》《六韬》等著作，还没送到你手中就在半路丢失了，你可以改从其他途径来读。”

## ◎诸葛亮教养子磨炼意志

诸葛乔是三国时期蜀汉将领，是诸葛亮兄长诸葛瑾的次子，也是诸葛亮的养子。为了培养他成材，诸葛亮对诸葛乔管教很严。诸葛亮北伐屯驻汉中，曾写信给兄长诸葛瑾说：“诸葛乔本应回到成都去，可是各位将领的子弟都在军中押运粮草，考虑到他应当与大家同甘共苦，于是我派他率领五六百士兵和将士们的子弟，一起在山谷中押运粮草。”

## ◎诸葛亮教子勤学

诸葛亮晚年时，给八岁的儿子诸葛瞻写了一封家书。家书中说：“有道德修养的君子，通过宁静来提高自身的修养，通过节俭来培养高尚的品德。不恬淡寡欲就无法明确志向，不安宁平静就无法实现远大理想。学习时精神必须专一，才能是从不断学习中积累的。不学习就无法增长才能，没有坚定的意志，就不能学有所成。放纵懈怠就不能振作精神，轻薄浮躁就不能陶冶性情。年华随时光飞逝，意志被岁月消磨。人最终像枯叶一样凋零，对社会没有什么用处，只能悲哀地守着破旧的房子，那时后悔哪里还来得及呢？”

## ◎诸葛亮教外甥立志

诸葛亮曾给外甥庞涣写过一封家书。信中说：“一个人应当树立高远的志向，向往思慕古代的圣贤，戒绝自身的私情杂欲，抛弃阻碍前进的因素，使近似先贤的高尚志向，在自己身上得以显现，引起自己内心的震动；失意时要能够忍耐，得志时能施展抱负，摆脱琐事的纠缠，广泛地向人请教，去除怀疑和吝啬，这样即使在事业上因困难而止步，对自身高尚的情趣又有什么损害呢？何必担心以后不能成功呢？如果志向不刚强坚定，意气不奋发向上，就只会庸庸碌碌，沉溺于世俗之中，随波逐流，暗自被情欲束缚，就会永远混杂在平庸的人群中，免不了成为地位低贱的人。”



## ◎皇甫谧婶母训侄力学

皇甫谧是西晋著名医学家、学者。他出生后不久母亲就死了，后来被过继给叔父。皇甫谧从小就贪玩，不求上进，到了20岁成人时，还整天东游西逛，不好好学习，被人认为是个傻子。有一次，皇甫谧得到了一些瓜果，进献给婶母任氏。任氏对他说：“《孝经》上说：‘即使每天给父母吃牛、羊、猪三牲的肉，也算不上孝顺的人。’你今年已经20岁了，不去读有教育意义的书，心思不放在正道上，没有什么能让我宽慰的。从前孟母为了教育儿子，不惜三次搬家来培养孟子的仁心；曾子的妻子哄骗儿子，曾子就真的杀猪给儿子吃，以此来教育儿子要言而有信。难道是我没有选择好的邻居，教育你的方法有所欠缺吗？不然你怎么会这么愚钝不成器呢？修身立德，专心学习，你自己就会有所收获，难道受益的人是我吗？”任氏边说边流眼泪。听完婶母的一番话，皇甫谧深受感动，幡然悔悟，于是拜师学习，终日勤读不倦，连下地干活时都带着书本，最终通晓了各种典籍和诸子百家的著作，成为一个学识渊博的人。

## ◎韦逞母传承家学

韦逞是前秦官员，曾经担任太常。他的母亲宋氏出生于儒学世家，宋氏幼年时母亲就去世了，由父亲抚养长大。宋氏的父亲是位儒学大师，家里世代研究《周官》这门学问。有一天，父亲打算传授给她《周官》的读法和意旨，对她说："我们家世代研习《周官》，从来没有中断过。《周官》这部书由周公创制，其中典章制度、礼仪诰令、百官物类，都非常详备。我现在没有儿子可以传授，打算传授给你，希望你保持住家学，不要让它失传了。"宋氏牢记父亲的教诲，立志继承家学。当时正值乱世，百姓颠沛流离，但宋氏在逃难途中也背着父亲留下的典籍。她日夜刻苦研读，终于精通了这门学问。韦逞当时年纪还小，她白天上山砍柴，夜里一边纺纱织麻，一边教儿子读书，终于将儿子抚育成才。有一天，前秦国君苻坚视察太学，为礼乐的缺失感到痛心。有人对苻坚说："自从中原丧乱以来，学校已经荒废很久，各种典籍资料都零落散失。这两年来通过陆续收集和编撰，重要的经典差不多都找到了，也都加入了太学的课程。唯独礼乐，找不到懂《周官》的教授，所以没有开设。但臣听说太常韦逞的母亲出身儒学世家，从小跟父亲学《周官》之学，学术造诣颇深。她现在虽然已经80岁了，但身体康健，耳不聋，眼不花，除了她没人可以教授这门学问。"苻坚听了以后很高兴，请韦逞的母亲在家里设讲堂，隔着纱帘布幔为120名太学生讲学，并赐号"宣文君"。就这样，宣文君成了前秦太学中教授《周官》的博士，"周官学"得到发扬光大。

## ◎王羲之勉子勤习书法

王献之是东晋书法家，"书圣"王羲之第七子，从小就跟着父亲学习书法。有一次，王羲之看王献之正聚精会神地练习书法，便悄悄走到背后，突然伸手去抽儿子手中的毛笔。王献之握笔很牢，笔竟然没被抽掉。王羲之夸赞他："这孩子将来名气一定很大。"相传，王献之练了一段时间字后，写了个"大"字拿给父亲王羲之看。王羲之看后，什么也没说，只是提起笔来在"大"字底下加了一个点，成了"太"字。王献之不明白父亲的用意，就拿着这个"太"字去给母亲看。母亲看了一会儿说道："吾儿磨尽三缸水，惟有一点似羲之。"王献之听后面红耳赤，十分惭愧，于是恭敬地向父亲请教练字的秘诀。王羲之指着院子里的18口水缸说："你把这18口缸里的水用完，就会找到秘诀了。"从此，王献之日夜勤学苦练，研磨用尽了18口缸中的水，终于在书法上大有长进，成为与父亲齐名的著名书法家。

## ◎颜之推教子读书为上

颜之推是南北朝时期著名文学家、教育家，一生历经南梁、北齐、北周、隋四朝，著有中国历史上第一部内容丰富、体系宏大的家训——《颜氏家训》。颜之推对子女的教育一直遵循"读书为上"的原则。承光元年(577)，北周攻灭北齐，时任北齐平原太守的颜之推被俘，被押送到北周都城长安，生活十分窘迫。颜之推的长子颜思鲁对父亲说："现在家中既没有朝廷的俸禄，也没有积蓄的钱财，儿子本想全力劳作来养家糊口。现在您常督促我学习经史，却不知道儿子无钱奉养父母，心中深感不安啊！"颜之推听完，语重心长地对儿子说："儿子心中应当想着供养父母，父亲也要勉励子女学习。如果让你因为生计放弃了学业，我即便丰衣足食，吃东西也不会很香甜，穿衣服也不会感到暖和。只要你能潜心学习，继承祖上的基业，即使每天吃粗茶淡饭、穿粗布短衣，父亲也是心甘情愿的。”

## ◎张绪劝子向学

张充是南齐官员，他的父亲张绪曾担任金紫光禄大夫，闻名前朝。张充年轻时喜好游乐，不修品行。张绪曾经请假回到吴郡，刚进入西城，就看到张充左手架着鹰，右手牵着狗，准备去打猎。张充看到父亲的船到达，便放下绳索解开袖套，在水边叩拜。张绪对儿子说：“你一个人做两件事，难道不觉得累吗？”张充回答说：“儿子听说三十而立，我今年已经二十九岁了，希望父亲明年能看到我的改变。”张绪说：“知错就改，孔子的弟子颜渊就有这种美德啊！”到了来年，张充果然广泛学习各种书籍，修养自身。学习不满一年，就能通晓《老子》《周易》，谈论玄理，从此声名远播。

## ◎郑善果母听子理政

郑善果是北周大将军、开封县公郑诚之子。郑诚在讨伐尉迟迥时战死，年仅九岁的郑善果袭封爵位，享有1000户的封邑。郑善果的母亲贤德聪明，有气节操守，她博览群书，懂得处理地方事务的方法。每当郑善果处理政事时，母亲总是坐在胡床上，在帏帐后面听儿子判案。听到儿子判断处理问题合理，她就很高兴，儿子回来后就与他相对谈笑。如果儿子处理事情不公允或者随意发怒施威，母亲就会回到后堂，蒙着被子哭泣，一整天都吃不下饭。这个时候，郑善果就会趴在母亲床前请罪，不敢起身。母亲这才起来对他说：“我不是生你的气，只是觉得愧对你家。自从成了郑家的媳妇，为你家洒水扫地，操持家务。你父亲忠诚勤劳，为官廉洁恭谨，从不怀藏私心，最后以身殉国，我希望你和他有一样的志向。你从小就死了父亲，我也成了寡妇，如果对你只有慈爱而没有威严，使你不懂得礼数规矩，你又怎么担得起身为忠臣的事业呢？你从小就承袭爵位，成为地方长官，这难道是靠你自己努力得来的吗？你怎么能不想这些，却随便发怒，骄傲享乐而败坏政事呢？这样一来，对内败坏了好的家风，甚至丢掉了官职爵位，对外损害了朝廷的律法，最终犯了罪过，我又有什么脸面到地下与你父亲见面呢？”此后，郑善果常用母亲的话勉励自己，正身奉法，政绩突出，深受百姓爱戴。

## ◎赵武孟母劝子读书

赵武孟是唐代官员，起初他不爱读书，喜好打猎。有一次，他捕获了肥美的野味送给母亲，母亲看到后流着泪说：“你不好好读书，整日里骑马打猎。再这样下去，我还有什么指望啊！”于是不肯吃他捕获的猎物。赵武孟听了母亲的话感到很惭愧，从此发奋苦读，博览群书，终于通晓了经史典籍，后来考中进士。

## ◎陈尧咨母责子劝学

陈尧咨是宋代官员，是陈省华第三子，擅长射箭，百发百中，被称为“神射手”，陈尧咨也常自称“小由基”。有一次，他从荆南任上回到家中，母亲冯夫人问他：“你掌管一郡的事务，有推行什么新政吗？”陈尧咨回答说：“荆南地处要冲，我白天举行宴会，靠射箭取乐，在座的宾客都非常叹服。”冯夫人说：“你父亲教你以忠孝报效国家，如今你不施仁政，专注地处理政务，却专注于射箭这种个人爱好，这难道符合你过世的父亲的心愿吗？”说完，她就用棒子打他，还摔碎了他的金鱼配饰。

## ◎韩亿责子不尽职责

韩亿是北宋名臣，为人淳厚方正，治家严谨。担任亳州知州时，他在京城任中书舍人的二儿子回家探望他。恰逢好友及侄子都科举得中回来，他心中十分高兴，便设酒席招待他们，还叫来关系亲近的下属，让儿子们坐在下首相陪。酒宴中，韩亿忽然问二儿子：“我听说京城中有件疑难案件，具体情况是怎样的？”二儿子想了半天，想不起来是什么事情。韩亿训斥了他一顿，再问时二儿子仍然答不上来。韩亿十分生气，就推开饭桌，找来一根棍子，大骂儿子说：“你拿着朝廷丰厚的俸禄，担任一府的辅佐官员，事情不分大小都应当专心研究。如今你连死刑案件都记不清楚，对小事情的态度可想而知！我远在千里之外，并未参与这件事情，都能有所耳闻。你这样尸位素餐，拿什么来报答国家呢？”说着，韩亿就准备揍儿子一顿。众位宾客竭力劝解，他才平息了心中的怒气。韩亿的子侄们看到这种情形，都害怕得两腿发抖。正是因为韩亿家法很严，所以出了不少贤良的子孙。

## ◎欧阳修母画荻教子

北宋文学家欧阳修四岁时父亲就去世了，由于家境贫寒，母亲没有钱供他读书，也没有钱买笔墨纸砚，就用芦苇秆当笔，在地上铺沙当纸，一笔一画地教欧阳修写字，还教他诵读古人的文章。



## ◎欧阳修严于治学

欧阳修到了晚年，还经常把自己以前写的文章拿出来修改，很费心思。他的夫人心疼他，劝道：“这么大岁数了，何必给自己找苦头吃呢？难道害怕先生骂你吗？”欧阳修笑着对夫人说：“不是怕先生批评，是怕后生笑话啊！”

## ◎程氏勉夫求学

北宋文学家苏洵是苏轼和苏辙的父亲。他早年不爱读书，四处游逛，直到27岁那年才幡然醒悟。有一天，他情绪激昂地对夫人程氏说：“我看自己现在还可以发奋求学。然而全家要依赖我生活，如果我一心求学，家中的生计就困难了，怎么办呢？”程氏说：“我很久之前就想劝夫君发奋读书了，只是不想让你因为我的要求而读书，否则就没什么意思了。你如果真有这个志向，就让我来承担生活的劳累吧。”程氏卖掉了所有的服饰器玩来经营家业，谋求生计。苏洵则专心致志地学习，精研百家之书，考究古今治乱得失，最终成为一位学问渊博的人。

## ◎苏轼教子求实

元丰七年（1084），苏轼被调任汝州团练副使，长子苏迈到江西德兴做县尉。苏轼从水路绕道江西，送苏迈到湖口，看到了鄱阳湖畔的石钟山。对于石钟山名称的由来，苏轼认为北魏时期郦道元和唐人李渤的说法都值得怀疑。于是他决定趁这次机会，带儿子苏迈亲自考察。苏轼父子在月夜坐着小船到断壁之下，深入勘察，发现绝壁下到处是洞穴和石缝，风浪冲击洞穴，发出钟鸣般的声响，这才明白石钟山得名的原因。他感慨地对儿子说："事情没有亲眼看到、亲耳听到，就主观地推断它的有无，是不可以的。"他希望儿子苏迈有质疑的精神，注重通过自己的考察和体验来得出结论。

## ◎刘安世母劝子忠于职守

刘安世是北宋大臣，曾被任命为谏议大夫。正式就任前，他特意回家禀告母亲："朝廷信任儿子，现在任命儿子做谏议大夫。担任这个官职，就必须有胆有识，直言敢谏，用生命担负起谏官的责任来。但一旦触怒圣上、得罪权贵，就会立刻招来灾祸。当今圣上以孝治天下，我如果以母亲年老需要奉养为理由，应当可以避免担任这个官职。"听儿子说明原委后，母亲对他说："不可以这样。我听说谏议大夫是圣上面前直言敢谏的大臣，你父亲一生想当谏官而没能如愿。现在你有幸担任这个官职，要敢于献出生命来报答国家的厚恩。万一日后因直言获罪流放，不论路途远近，母亲都愿意跟着你去！"母亲的这番激励，让刘安世坚定了做谏官的决心。他担任谏官多年，以直谏闻名，被时人称为"殿上虎"。

## ◎张耒教子立志

张耒是北宋文学家，曾任太常寺少卿。他常看到卖饼的人在天还没亮时就担着饼沿街叫卖，即使遇到寒风等恶劣天气，也会坚持出摊卖饼，时间跟往常相差不了多久。他有感于此，便写了一首诗给自己的两个儿子张秬和张秸："城头月落霜如雪，楼头五更声欲绝。捧盘出户歌一声，市楼东西人未行。北风吹衣射我饼，不忧衣单忧饼冷。业无高卑志当坚，男儿有求安得闲。"张耒以这首诗来勉励儿子们要像卖饼人那样意志坚定，朝着目标努力奋斗。

## ◎岳飞训子重视训练

岳云自幼习武，12 岁时被父亲岳飞编入部将张宪的队伍，当了一名小卒。岳飞训练士卒十分严格。有一次，岳云与将士们一起穿着厚重的铠甲，练习从斜坡上骑马急驰而下。岳云因为马被绊倒，被重重地摔在地上。岳飞认为这是岳云平日没有认真练习造成的，斥责他说："你如果在战场上遇到强敌，也要摔成这个样子吗？"当即下令将他推出去斩首。众将士急忙为岳云求情，岳飞最终下令打了岳云 100 军棍，作为教训。从此，岳云勤学苦练，立下赫赫战功。

## ◎陆游教子知行合一

陆游是南宋爱国诗人。有一年冬夜读书时，陆游教导最小的儿子子聿说："古人学问无遗力，少壮工夫老始成。纸上得来终觉浅，绝知此事要躬行。"陆游认为，做学问要坚持不懈，早下功夫，同时要躬行实践，在实践中加深对知识的理解，把书本上的知识变成自己的实际本领。

## ◎于谦教子惜时

明代名臣于谦的长子叫于冕。在于冕13岁生日那天，于谦给儿子写了一首诗：“阿冕今年已十三，耳边垂发绿毵毵。好亲灯光研经史，勤向庭闱奉旨甘。衔命年年巡塞北，思亲夜夜想江南。题诗寄汝非无意，莫负青春取自惭。”在诗中，于谦寄予了对儿子惜时勤学的要求。

## ◎张履祥母勉子立志

张履祥是明末清初学者，出生于一个普通家庭，九岁时就失去了父亲。母亲沈氏对他说：“孔子和孟子两位大圣人也是从小就失去了父亲，但因为两人从小就树立了伟大的志向，最终都成为圣贤。”她希望以此来勉励儿子身处贫贱之中更要立志自强。张履祥遵从母亲的教诲，刻苦攻读，勤奋求知，潜心研究义理。明朝灭亡后，张履祥隐居浙江桐乡杨园村教书，耕读相兼，教授生徒，著书立说。他的学术以仁为本，以修己为务，成为清代入祀孔庙的九人之一，300多年来对浙西一带学术产生了深远的影响。张履祥及其友人、后学被称为“杨园学派”。

## ◎顾绍芾教孙为学之道

顾炎武年幼时被过继给去世的堂伯顾同吉为嗣。顾绍芾是顾同吉的父亲，非常重视对顾炎武学风的训导和学德的培养。顾绍芾为顾炎武聘请私塾教师，又为他创造了在县学里继续深造的机会，帮助他考取了诸生。他教导顾炎武“著书不如抄书”，说“现在人的学问不如古人深厚，抄书可以吸取和整理前人的思想学术成果。当知识积累丰富的时候，自然而然就会形成自己的看法和见解”。他还说：“凡是著书的人，最可恶的地方在于篡改前人的书籍，说成是自己的原创。”所以，他要求顾炎武始终坚守原创的学术道德。顾绍芾还时常告诫顾炎武多读有用之书，不要醉心于科举考试和八股文章，而要多学一些对国家对民众有用的知识。顾绍芾的言传身教，对顾炎武日后提出“博学于文，行己有耻”的学术原则和“经世致用”的思想，产生了重大的影响。

## ◎王渔洋母勉子尽职

清初文学家王士祯，号渔洋山人，世称王渔洋，官至刑部尚书，为官清正廉洁。他最初被选授为扬州府推官，从家乡启程赴扬州上任时，母亲孙氏把他送至渑水，嘱咐他说：“你年纪轻轻就做了司法官吏，我想起来就害怕。你祖父在崇祯年间曾任扬州兵备副使，政绩卓著。你一定要效仿先辈，恪尽职守，为家门争光。”王渔洋到任后，正值郑成功抗清兵败，朝廷借此严查镇压迎降抗清者的百姓，一时冤案四起。王渔洋不顾身家性命，查明案情，平反冤狱，拯救了众多的无辜百姓，遏制了诬陷之风，赢得了百姓的敬重和爱戴。因为办案时刚正不阿，不怕忤逆上级，王渔洋在第二年被降级处分。当时，孙氏在扬州养病，勉励他说：“人命关天，我儿只要心存公道和宽恕就好，不要去计较个人官职的升降。”王渔洋谨遵母亲教诲，恪尽职守，最终得到了公正的评价。等到儿子做官时，王渔洋又总结了自己数十年的为官经验，亲书《手镜》五十条，教育儿子洁己爱民、宽政慎刑，做一个不负民的好官。

## ◎彭端淑勉子侄力学

彭端淑是清代官员、文学家。乾隆九年（1744），彭端淑眼见族中子侄很多，却连一个举人都没有，十分忧心。他在写给子侄们的一封家书中，论述了做学问的道理。家书中说：“天下的事情有容易和困难的区别吗？只要肯做，困难的事情也会变得容易；不肯去做，容易的事情也会变得困难。做学问有容易和困难的区别吗？只要肯学，困难的学问也会变得容易；不肯学，容易的学问也会变得困难。

“我天资愚笨，比不上别人；我才能平庸，比不上别人。但我早晚勤学，长久以来都不懈怠，最终学有所成，也不觉得自己愚笨平庸了。我天资聪慧，超过了别人；我才能敏捷，超过了别人。但我懒于运用自己的天资才能，这样跟愚笨平庸的人也没有什么区别。孔子的学说，是由不聪慧的曾子传承下来的。这样看来，愚笨平庸和聪慧敏捷，哪里是固定不变的呢？

“蜀地的边境有两个和尚，一个贫穷，一个富有。有一天，穷和尚对富和尚说：‘我想要去南海，怎么样？’富和尚问他：‘你靠什么去呢？’穷和尚回答说：‘我只需要一个盛水的瓶子和一个化缘用的钵。’富和尚对他说：‘我这几年想买一艘船去南海，还没能成功。你凭什么能过去呢？’第二年，穷和尚从南海回来了，告诉了富和尚，富和尚感到很惭愧。

“西边的蜀地距离南海，不知道有几千里。富和尚没法到达，穷和尚却到达了。人树立志向，难道还不如蜀地边境的那个穷和尚吗？因此聪慧敏捷可以凭仗，但又不可以凭仗，自认为聪慧敏捷而不肯努力学习的人，是败坏自己学问的人。愚笨平庸会限制人的发展，但又不能限制人的发展。只有不被愚笨平庸所限制，能努力学习不懈怠的人，才是自强自立的人。”

## ◎蒋士铨母教子读书

蒋士铨是清代戏曲家、文学家，官至翰林院编修。他的父亲蒋坚是位秀才，有古烈士遗风，母亲钟令嘉知书识礼，工诗善文。虽然家境清寒，但父母均有学识，让他从小就受到了良好的教育。蒋士铨年幼时，父亲宦游在外，全靠母亲教养。他四岁时，母亲开始教他写字。蒋士铨年龄太小，不会拿笔，母亲就把竹枝削细后折断，弯曲成各种笔画形状，拼成一个个的字，让蒋士铨坐在自己膝头学认字。每认识一个字，她就拆掉一个字，这样每天可以教蒋士铨十个字。第二天，母亲又让蒋士铨拿着竹丝，去拼前一天所教的字，拼到没有错误了才停止。六岁时，母亲才让蒋士铨拿笔学写字。她把书放在膝上，让儿子坐在膝下小凳子上读书。蒋士铨懈怠时，母亲就拿戒尺打他几下，然后抱着他哭道：“儿啊，你现在不愿读书学习，你父亲回来我怎么向他交代呢？”半夜时天冷，母亲就坐在床上，拉起被子盖住双脚，抱着儿子一起吟诵。蒋士铨在母亲怀里读得睡着了，会被母亲叫醒后继续读书，一直到头遍鸡叫，母子二人才停止读书。在母亲的悉心教导下，蒋士铨最终成为一代名士。

## ◎林宾日教子读书

林宾日是民族英雄林则徐的父亲，以教书为业。尽管家境贫寒，林宾日忙于生计，但从未放松过对林则徐的教育。林则徐四岁起就被父亲带到学馆，开展启蒙教育。林宾日的教育理念十分开明，从来不打骂呵斥儿子，而是谆谆教导，循循善诱，使林则徐自然地喜欢上了学习。林宾日不仅教儿子书本上的知识和道理，还教他身体力行，把握道理的实质。在林宾日的教导下，林则徐八九岁时就写出了“海到无边天作岸，山登绝顶我为峰”的句子，震惊四座。他在书塾中常常写出佳作，得到无数奖励。有人曾建议林宾日让林则徐改业，以补贴家用。但林宾日不肯，他相信儿子日后肯定能取得功名，成就事业。

# 齐家

## 家庭和睦，万事乃兴

夫妻关系、亲子关系、兄弟关系，是家庭中最为重要的三种关系。此外，亲戚关系也是家庭中的一种重要关系。夫妻互敬互爱，父子“亲密有间”，兄弟兄友弟恭，亲戚互帮互助，是“家和”的重要体现。“家和则福自生。”家庭和谐，能使人享受到家庭的温馨，使家庭渡过重重难关，使家人之间的情感更加紧密。但是，实现“家和”并不容易，需要每一位家庭成员的付出。

## ◎姬寿代兄赴死

姬伋是春秋时期卫国太子，父亲是卫宣公。姬寿和弟弟姬朔是姬伋同父异母的兄弟，他们的母亲是宣姜。宣姜本来是姬伋的未婚妻，然而卫宣公看中宣姜的美貌，就把儿子的未婚妻娶了过来。自从夺娶宣姜后，卫宣公总认为姬伋怨恨自己，因而十分厌恶他。后来，姬朔想夺取太子之位，便和宣姜经常在卫宣公的面前诋毁姬伋。卫宣公很愤怒，便派姬伋手持白旄出使齐国，却在卫国边境埋伏杀手，让他们杀死手持白旄的人。姬寿生性仁厚，与姬伋关系很好，在得知弟弟和父亲想要害死兄长的消息后，赶过来对姬伋说：“哥哥千万不要出使齐国，边境上的强盗看到你手中拿着白旄，就会杀死你。你赶快逃走吧！”姬伋对他说：“我怎么能违背父命来求得生存？这世上哪有没有父亲的国家呢？”他决定继续出使齐国。姬寿担心兄长丧命，便在姬伋临行前将其灌醉，自己趁机偷走他的白旄，冒充姬伋抢先驾车赶到边境，被等在那里的强盗杀死了。姬伋后来也赶到边境，得知弟弟的死讯非常悲愤，对那群强盗说：“你们杀的应该是我，我弟弟有什么罪？来杀死我吧！”结果，强盗也把他杀死了。

## ◎晏婴不弃老妻

齐景公有个心爱的女儿，想嫁给晏婴做妻子，于是景公就亲自前往晏婴家找他喝酒。酒兴正浓时，景公看到了晏婴的妻子，便问晏婴：“这是你的妻子吗？”晏婴回答说：“是的。”景公叹了口气说：“哎，又老又丑。寡人有个女儿，年轻貌美，嫁给你做妻子怎么样？”晏婴离开座位，回答说：“我的妻子如今年老貌丑，但我们共同生活了很多年。她也曾有过年轻貌美的时候啊！况且人有年轻就会有衰老的那一天，有貌美就会有貌丑的那一天。当初妻子年轻貌美时委身于我，我接受了她。现在即使您赐婚于我，我也不能背弃她啊！”晏婴始终没有接受景公的赐婚。

## ◎闵损芦衣顺母

闵损，字子骞，是孔子的弟子，与颜渊同列孔门“德行”科。闵损生母早死，父亲娶了后妻后，又生了两个儿子。继母经常虐待闵损，冬天时给两个亲生儿子穿温厚的冬衣，却给闵损穿用芦花絮的衣服。有一天，闵损和父亲一起出门。闵损因为寒冷打战，牵车时没抓住缰绳。父亲十分生气，不仅大声斥责他，还用鞭子打他。鞭子抽破了衣服，芦花从衣缝中飞了出来，父亲这才知道闵损受到继母的虐待。父亲愤怒地返回家中，准备休掉后妻。闵损跪在地上求父亲饶恕继母，他说：“母亲留下来只是我一个人受冻，走了以后三个孩子都要受冻了。”父亲听了他的话十分感动，就没有休掉后妻。继母感到十分惭愧，从此以后，像对待亲生儿子一样对待闵损。

## ◎汉文帝亲尝汤药

汉文帝生性仁孝。生母薄太后曾生病三年，文帝晚上不合眼，不解衣带，尽心服侍母亲。母亲喝的汤药，他自己不亲口尝过就不端给她。文帝的仁孝因此传闻于天下。

## ◎缇萦上书救父

淳于意是西汉名医，精通医道，司马迁在《史记》中将他与扁鹊合并立传。汉文帝时，有人上书告发淳于意受贿，淳于意被判处肉刑。按照规定，淳于意被押往长安执行刑罚。淳于意没有儿子，只有五个女儿，全都跟在囚车后面哭泣。淳于意看到这种场景十分生气，骂道：“我没能生出男孩来，遇到急事时谁也指望不上！”淳于意的小女儿名叫缇萦，听到父亲这么说很伤心，就随父亲一起前往长安。来到长安后，缇萦向汉文帝上书说：“我的父亲在齐地做官，当地的人都称赞他清廉公平。如今他犯法被判处肉刑。然而人死之后无法再活过来，因肉刑遭到毁坏的肢体不能再生，即使想改过自新，也没有什么办法了。我愿意做官府的奴婢来赎父亲的罪过，让父亲不受肉刑，拥有重新做人的机会。”汉文帝收到缇萦的上书，为她的诚意所打动，于是废除了残酷的肉刑。

## ◎汉宣帝故剑情深

汉宣帝刘询还是个婴儿时，就曾因为祖父卫太子刘据遭遇“巫蛊之祸”而下狱，后来被曾祖父汉武帝召回宫中抚养。掖庭令张贺想把自己的女儿嫁给刘询，但张贺的弟弟张安世认为刘询是罪人卫太子的后代，不过是个能吃饱饭的普通百姓，因此不同意这门亲事。张贺就为刘询迎娶了掖庭暴室属官许广汉的女儿许平君为妻。后来，汉昭帝病逝，昌邑王刘贺在位 27 天被废，刘询被权倾朝野的大将军霍光拥立为帝。刘询登基后，大臣们提议册立皇后，都倾向于霍光的女儿霍婕妤。汉宣帝下诏说："朕贫寒微贱之时，只有一把旧剑陪伴左右。如今虽登大位，仍十分想念这把旧剑。众卿能否帮朕寻回？"大臣们明白了皇帝的用意：皇帝连贫微时用过的一把旧剑都念念不忘，自然不会委屈与自己相濡以沫的女人。于是奏请册立宣帝的发妻许平君为皇后。

## ◎冯婕妤挡熊护夫

冯婕妤是汉元帝的宠妃。有一次，汉元帝带领后宫嫔妃到虎圈观看斗兽表演，突然有一只熊跳出了围栏，向看台上爬。元帝身边的一众嫔妃和随从看到这种情形，都惊慌地四处逃窜，只有冯婕妤一人挺身而出，挡在了元帝面前。侍卫们见状，立刻冲上去杀死了这只熊。事后，元帝问冯婕妤说："当时熊突然跑了出来，大家都惊恐万分，你为什么敢上前挡住熊呢？"冯婕妤说："猛兽抓住一个人就会停下来，臣妾怕熊跑到陛下跟前伤害陛下，所以先用身体挡住它。"元帝听了以后非常感动，从此更加敬重冯婕妤。

## ◎宋弘富贵不弃妻

宋弘是东汉初年大臣，位列三公，为人正直清廉，直言敢谏。光武帝的姐姐湖阳公主守寡后，光武帝和她一起评论朝中大臣，看她中意谁。湖阳公主说："我看宋弘的人品相貌是朝臣中最好的。"光武帝明白姐姐的心意，说："我正想考虑他。"于是，光武帝召宋弘进宫，让姐姐坐在屏风后面观察。光武帝对宋弘说："朕听说人地位高了就要更换朋友，富贵之后就要更换妻子，这是人之常情吗？”宋弘回答说：“并非如此。臣听说的是贫贱时的朋友不能忘记，与自己共患难的妻子不能抛弃。”光武帝对姐姐说：“这件事办不成了。”

## ◎梁鸿孟光举案齐眉

梁鸿是东汉隐士。当初他做太学生时，虽然家贫，但因博学多才、品行高尚，很多有势力的人家都想把女儿嫁给他，他都谢绝不娶。同县孟家有个女儿，容貌丑陋，皮肤黝黑，力气很大，到了30岁还没有出嫁，声称要嫁给贤士梁鸿。梁鸿听说后立即迎娶了她，为她取名为孟光。刚结婚时，孟光为测试梁鸿隐居的志向，涂脂抹粉，衣着光鲜，梁鸿果然不理她。等到她换上粗布衣服后，梁鸿才欣喜地认为她是可以跟自己一起隐居的女人。他们一同来到霸陵山中，过上了男耕女织、咏书弹琴、清贫而美好的生活。可惜好景不长，梁鸿因事出函谷关，路过京城，因感叹京城繁华、百姓辛劳愁苦而作《五噫歌》。汉章帝得知后下令寻找梁鸿，梁鸿只好改名换姓，携妻子逃亡，来到吴郡富人皋伯通的家中做佣工，靠舂米过活。每当梁鸿收工回来，孟光就准备好食物，把盛食物的托盘举得跟眉毛一样高，恭恭敬敬地捧给梁鸿吃。皋伯通看后感到很奇怪，认为一个奴仆能得到妻子如此的敬重，一定不是平常人。于是，他将梁鸿夫妻当成宾客供养起来，让梁鸿可以专心闭门著书。

## ◎黄香温席孝亲

黄香是东汉时期著名孝子，九岁时就已经懂得孝顺长辈的道理。

夏天天气炎热，他就用扇子对着父母的床帐扇风，使枕头和席子保持清凉，并赶走蚊虫，好让父母能睡得更舒服；冬天天气寒冷，黄香就提前钻进父母的被子里暖被，好让父母睡觉时感到暖和。他的事迹流传到了京城，人们都称颂他“天下无双，江夏黄香”。

## ◎姜肱兄弟争死

姜肱是东汉人，与他的两个弟弟仲海、季江都以孝行著称于世。兄弟三人之间友爱至深，经常同眠共被，一起生活。有一次，姜肱与三弟季江一起到郡治谒见郡守，夜间路上遇到强盗，要杀他们，姜肱和季江争着去死。强盗见他们兄弟如此情深，便把他们都放了。

## ◎赵孝以身护弟

汉朝有个人叫赵孝，与弟弟赵礼十分友爱。有一年，庄稼歉收，人们饥饿难耐，一伙强盗把赵礼捉去了，想要吃他的肉充饥。赵孝听说后赶紧跑到强盗那里，恳求说：“弟弟身患疾病，身体又瘦，肉一定不好吃。我身体肥胖，油水多，愿意代替弟弟供你们享用，希望你们放走我的弟弟。”赵礼听到哥哥这么说，不肯答应，对强盗们说：“我被你们抓住，是命中注定的，哥哥没有什么罪，不要伤害他。”两兄弟说着说着就抱在了一起，失声痛哭。强盗被他们感动了，就把他们都放了。这件事传到了皇帝那里，皇帝便亲自下诏，褒奖他们，认为他们是“兄友弟恭”的最好典范。

## ◎蔡顺拾葚异器

蔡顺是东汉人，自幼丧父，与母亲相依为命。年成不好、粮食短缺时，他就每天出门采摘桑葚，用不同的器皿盛桑葚。有一天，赤眉军看见了，便问他原因。蔡顺说："黑色的桑葚味道甜，给母亲吃；红色的桑葚味道酸，留给自己吃。"赤眉军感动于他的孝心，便送给他白米和牛蹄，用来供养母亲。

## ◎孔融兄弟争担罪责

孔融是东汉名士，"建安七子"之一。名士张俭遭中常侍侯览陷害，被州郡缉拿。张俭与孔融哥哥孔褒是好友，便逃到了孔褒家中。当时孔褒不在家，孔融只有16岁，看见张俭狼狈窘迫的样子，对他说："哥哥在外未归，难道我不能接待您吗？"于是，他就留张俭住在了自己家。后来，事情泄露，张俭逃脱，孔褒和孔融都被逮捕入狱。地方官不知道他们两个谁窝藏了张俭。孔融说："窝藏张俭的是我，所有的罪罚我来承受。"孔褒说："张俭是来找我的，不关弟弟的事，我心甘情愿认罪。"官员难以决断，便问他们的母亲。母亲说："年长的人主持家务，现在家中出了这样的事，是我的罪过。"他们一家人都争相认罪，官员无法做出决定，便请示朝廷如何处理。朝廷最后定了孔褒的罪。

## ◎孙登孝顺养母

孙登是三国时期吴主孙权的长子，为人仁孝。因为孙登的生母地位低贱，孙权便让正室徐夫人养育孙登。后来，徐夫人被孙权遣回吴郡居住，步夫人成为最受孙权宠爱的人。步夫人每次赏赐孙登，孙登不敢推辞，都会恭敬地接受。徐夫人派人来看望孙登，拿给他的衣服，孙登都十分珍视，一定沐浴过后才穿。黄龙元年（229），孙权称帝，准备立孙登为太子。孙登对孙权说："本原确立，道义才能产生。父皇要立太子，应当先立皇后。"孙权问他："你的母亲在哪里呢？"孙登回答说："在吴郡。"孙权听后沉默不语。

## ◎荀粲冻己暖妻

荀粲是三国时期曹魏大臣，他的妻子是将军曹洪的女儿，容貌很美。荀粲与她成婚后夫妻恩爱，感情至深。有一年冬天，曹氏高烧不退。为了让妻子退烧，荀粲就躺在庭院的冰面上，等自己的身体被冻得冰冷以后，回来抱住妻子为她降温。后来，曹氏因病去世了，荀粲悲痛过度，不久也去世了。

## ◎许允妻以德留夫

许允是三国时期曹魏官员、名士，官至中领军。他的妻子是卫尉阮共的女儿，长得特别丑陋。当初结婚时，行完交拜礼后，许允不愿意进入新房，家人都为此发愁。恰巧这时许允家又来了位客人。得知来客是阮家的世交桓范后，阮氏对婢女说："现在不用担心了，桓公子肯定会劝夫君进来的。"桓范果然对许允说："阮家嫁给你一个丑女儿，肯定有特别的用意，你要仔细体察一下。"许允听从桓范的劝告回到新房后，一见阮氏就又想跑出去。阮氏知道许允这次跑出去后肯定不会再进来了，就拉住许允的衣襟要他留下来。许允就问她：“妇人应该有妇德、妇言、妇容、妇功四种德行，你具备哪几种呢？”阮氏回答说：“我只缺少容貌这一种而已。读书人应该具备的各种好品行，夫君又具备哪几种呢？”许允说：“那些好品行我全都具备。”阮氏说：“各种好品行中，德行是第一位的。夫君爱好美色而不爱好美德，怎么能说都具备呢？”许允听阮氏这样说，感到很惭愧，从此十分敬重她。

## ◎陆绩怀橘遗亲

陆绩是三国时期孙吴官员，他的父亲陆康曾担任庐江太守，与扬州牧袁术有来往。陆绩 6 岁时随父亲到九江谒见袁术，袁术拿出橘子招待他们。临行前，陆绩往怀里藏了 3 个橘子，弯腰告辞时，藏在怀里的橘子滚落到地上。袁术看到后笑道：“陆郎来我家做客，走的时候还要怀藏主人的橘子吗？”陆绩回答说：“母亲喜欢吃橘子，但橘子是稀罕之物，我想拿回去给母亲品尝。”袁术见他小小年纪就懂得孝顺母亲，十分惊奇。

## ◎王览争毒酒救兄

王览是西晋官员，他的生母朱氏对他同父异母的哥哥王祥很不好。王览很小的时候，每当朱氏鞭打王祥时，王览就哭着抱住王祥。王览长大后经常劝说母亲，但朱氏还是时常虐待王祥，甚至王祥成家后也不放过他。于是，朱氏使唤王祥夫妇做什么，王览和妻子便跟着兄嫂一起做。有一次，朱氏想用毒酒害死王祥，王览便端着毒酒不给王祥。朱氏害怕王览也被毒死，急忙夺过毒酒。此后每次吃饭，王览都会先尝一下哥哥的饭菜。朱氏害怕自己的亲儿子被毒死，就不再给王祥下毒了。

## ◎王家妯娌和睦

王浑是西晋名臣。他的妻子钟琰是太傅钟繇的曾孙女，门第高贵，文才超群，颇有妇德。王浑弟弟王湛的妻子郝氏，家境寒微，有美德。钟氏和郝氏两人彼此敬重，相处得十分和谐。钟氏没有因为自己门第高贵而欺负郝氏，郝氏也不因为自己门第卑微就屈从钟氏。在王浑的家里，所有人都遵从钟氏的礼法。在王湛的家里，所有人都恪守郝氏的规矩。

## ◎郗鉴含饭救甥

郗鉴是东晋重臣，官至太尉。他年轻时曾遭逢西晋永嘉年间的动乱，住在乡里，家里穷得揭不开锅。乡亲们因为郗鉴有名望德行，就轮流给他饭吃。当时，郗鉴兄长的儿子郗迈、郗鉴的外甥周翼年纪都小，郗鉴常领着他们到乡亲们家里吃饭。乡亲们对他说："现在这个时候，大家都饥饿困顿，因为仰慕您的贤德，大家才会轮流接济您，恐怕不能连带着养活两个孩子。"此后，郗鉴就一个人去乡亲们家吃饭。他将饭食含在嘴里带回来，吐出来给两个孩子吃。两个孩子就这样活了下来，最终与他一起南渡长江。后来，郗迈官至护军，周翼做了剡县县令。郗鉴去世后，周翼追念舅舅抚养自己的恩情，辞去官职，回家为舅舅守丧三年。

## ◎王悦孝顺父母

王悦是东晋名臣王导的长子，为人谨慎谦和，面对父母时总是和颜悦色。王导每次和王悦一起下棋，准备落子时，王悦就按着王导的手指头不让他动。王导笑着说："你怎么能这样做？我们之间好像还有点关系吧？"王导每次从家中前往尚书台时，王悦都会送父亲上车，也常为母亲曹氏收拾她箱子中的东西。后来，王悦因病去世了。王导每次前往尚书台时，都会想起王悦，非常悲痛，从王悦平时送他的地方，一路哭到尚书台门前。曹氏整理箱子时想到王悦，从此便将王悦收拾过的箱子密封起来，不忍再打开。

## ◎周顗包容兄弟

周顗是东晋名士。有一次，他的弟弟周嵩喝醉了酒，瞪着眼睛看他，还拿起蜡烛向他砸去，愤怒地说："你的才华比不上我，怎么能获得很高的声望？"周顗并没有因为弟弟的举动而生气，他面色如常，语气和缓地跟弟弟开玩笑说："你使用火攻，这可是个下策啊！"

## ◎谢安以身作则

东晋名士谢安的夫人经常教育孩子。有一次，谢夫人问谢安："怎么从来没见到你教育孩子？"谢安回答道："我总是以身作则，用行动来教育孩子。"

## ◎王徽之王献之兄弟情深

王徽之是东晋名士、书法家，书圣王羲之第五子，王献之（字子敬）的胞兄。王献之病逝后，王徽之问身旁的人说："为什么弟弟那边没有半点音讯？他一定死了！"王徽之拖着沉重的病体为弟弟奔丧，到了灵堂后也没有哭。因为王献之平时喜欢弹琴，王徽之便拿出弟弟的琴来弹奏，却怎么也调不好琴弦。王徽之就把琴扔到地上说："子敬，子敬，人和琴都不在了啊！"说完，他就悲痛得昏了过去，很久才清醒过来。过了一个多月，王徽之也病逝了。

## ◎陶渊明教子和睦相处

陶渊明 50 多岁时生过一场大病，他自恐来日无多，便给五个儿子留下了一封带有遗嘱性质的家书。他在家书中说："你们兄弟几人虽然不是一母所生，但应当理解'四海之内皆兄弟'的道理。鲍叔牙和管仲分钱财时，互不猜忌，才使得管仲由失败转向成功；归生和伍举久别重逢，便在路边铺上荆条坐下畅叙旧情，才使得伍举在逃亡之后回国立下功劳。他们并非亲兄弟尚且能够这样，何况你们是同父的亲兄弟呢！颍川的韩元长是汉末名士，身居卿佐的官职，享年八十岁，与兄弟生活在一起直到去世。济北的氾稚春是晋代一位品行高尚的人，他们家七代没有分家，共同拥有财产，但全家人没有不满意的。《诗经》上说：‘高山仰止，景行行止。’我们即使达不到那样高的境界，也应当以至诚之心崇尚他们的美德。你们能够谨慎做人，我还有什么话好说呢？”

## ◎陈遗储存焦饭孝母

东晋时期，吴郡有位叫陈遗的官员，生性孝顺。陈遗的母亲喜欢吃锅底的焦饭，因此陈遗担任郡主簿的时候，总是随身携带一个口袋，每次煮完饭，都把锅底的焦饭收到袋子里，攒起来带给母亲吃。后来，孙恩在吴郡起兵造反，郡守袁崧立刻出兵讨伐。当时陈遗已经存了几斗焦饭，来不及回家，就带着这些焦饭出征了。双方在沪渎开战，袁崧打了败仗，军队溃散，逃进山泽之中，没有可吃的东西，很多士兵都饿死了。陈遗则靠着焦饭充饥，最终存活下来。当时，人们认为这是上天在报答他的孝心。

## ◎阿豺折箭教子团结

阿豺是吐谷浑首领，他有 20 个儿子。阿豺临终前对儿子们说：“你们各拿一支箭来，把箭放在地上。”等儿子们拿来箭后，阿豺对他的弟弟慕利延说：“你从地上捡一支箭，把它折断。”慕利延很轻松就折断了。阿豺又对他说："你把剩下的19支箭都拿起来，一起折断。"慕利延费尽力气也无法折断。阿豺对弟弟和儿子们说："你们知道吗？一支箭很容易折断，许多支箭很难被折断。只有你们同心协力，国家才能够稳固。"说完以后，阿豺就去世了。

## ◎谢弘微替叔管家分文不取

谢弘微是南朝宋大臣，很小时就成了孤儿，10岁时被过继给了堂叔谢峻。堂叔的弟弟谢混有知人之名，认为谢弘微不同于寻常之人，说："这个孩子深沉早慧，将成为优秀人才，有一个这样的儿子也就足够了。"义熙八年（412），谢混因为在政治上支持北府军将领刘毅与权臣刘裕抗衡而被刘裕处死，谢混的妻子晋陵公主也被迫改嫁，公主虽坚决不从，但诏命其必须与谢家断绝关系。谢混没有儿子，只有两个年幼的女儿，所以公主临走前把谢混的家事委托给谢弘微照管。

谢混是太傅谢安之孙，司空谢琰之子，一家中两人有封爵，田产10余处，仆役千人，家产十分丰厚。谢弘微为谢混家经营生计，管理产业，办事如同在官府办公一般，一枚钱一尺帛的收入支出，都有账册记录。刘裕称帝后，晋陵公主被降封为东乡君。因为谢混是在前代犯的罪，东乡君节义可嘉，被允许归返谢家。从谢混死到此时已过去九年，但谢混家屋宇整齐，仓廪充盈，仆人听从使唤，各有所业，与往日没有什么不同，田地的开垦种植，比原来有所增加。东乡君看到这番情景，感叹道："夫君平生最看重这个孩子，的确是知人啊！"本族外姓的亲戚、故旧当中，凡是来看东乡君的人，进门见到这样的家境，无不感慨叹息，有人甚至为之流泪，被谢弘微的德义所感动。东乡君死后，遗留财富千万，园宅十余所，在会稽、吴兴、琅邪几个地方还有太傅谢安、司空谢琰在世时置办的家业，以及奴仆几百人。官府和私家都认为室内的资财应该归两个女儿，田宅童仆应该属于谢弘微。而谢弘微一概不要，用自己的俸禄将东乡君埋葬。

## ◎王僧虔关爱侄子

王僧虔是南北朝时期著名书法家。有一次，王僧虔携子侄到武陵赴任。途中，他的侄子王俭生了病，王僧虔细心看护，不吃不睡。同行的人安慰他，王僧虔说："汉朝的马援对儿子侄子同样爱护，晋朝的邓攸舍弃亲子保护侄子。我也怀有同样的心肠，向古人看齐。我的兄长已经死去，他的子嗣我不能不管。如果这孩子救不活，我就调转船头，辞去官职。"

## ◎北魏孝文帝仁孝

北魏孝文帝拓跋宏是北魏献文帝拓跋弘的长子，生性仁孝。孝文帝4岁时，献文帝身上长了毒疮，为了让父亲早日康复，孝文帝用嘴帮父亲吸出脓血。孝文帝5岁时，献文帝传位给孝文帝，自己做了太上皇。孝文帝即位时泪流不止，献文帝问孝文帝原因，孝文帝回答说："代替了亲人的位置，心中特别难受。"献文帝大为感慨，认为孝文帝与众不同。献文帝去世后，孝文帝的嫡祖母冯太后临朝称制。她认为孝文帝过于聪慧，担心日后对自己不利，想要废掉他。于是，冯太后在天寒地冻时，把身穿单衣的孝文帝关进一间小屋，三天不给他饭吃，想要另立孝文帝的弟弟拓跋禧为帝。多亏拓跋丕、穆泰和李冲等重臣极力劝阻，冯太后才改变了主意。有一次，一位宦官在冯太后面前搬弄是非，说孝文帝的坏话。冯太后盛怒之下打了孝文帝数十棒，孝文帝默默承受，不加申辩，也不怨恨祖母。后来，冯太后被孝文帝的孝顺感化了，开始悉心照顾他，培养他的理政才能。最终，孝文帝成为冯太后改革事业的接班人。

## ◎徐德言乐昌公主破镜重圆

徐德言是南北朝时期江南才子，他的妻子是南朝后主陈叔宝的妹妹乐昌公主。当时的陈朝十分衰败，时局混乱，徐德言对妻子说："以你的容貌才华，一旦国破家亡，一定会流落到有权有势的人家，只怕我们会永远分离了。如果还有缘相见，也需要有一个信物。"徐德言说完便折断了一面铜镜，夫妻两人各拿一半。他又同妻子约定"将来每年的正月十五，你派人拿着这半面铜镜在街上出售。如果我能活着见到，一定会去找你"。陈朝被隋朝灭亡后，乐昌公主被隋文帝赏赐给杨素做小妾。杨素对乐昌公主非常宠爱，但她始终闷闷不乐，心中仍牵挂着徐德言。徐德言在战乱中流离失所，历经艰险才来到隋朝都城。正月十五的这一天，他在市场上看到一位老人在出售半面铜镜，要价非常高，但无人购买。徐德言便拿出自己那半面铜镜，果然与老人手中的半面铜镜完全吻合。他在镜子上题了一首诗："镜与人俱去，镜归人不归。无复嫦娥影，空余明月辉。"他托老人把题诗的铜镜带回去给他的主人看。乐昌公主看到题诗后失声痛哭，杨素了解到真实情况后也十分伤感，便派人将徐德言找来，让他们夫妻团圆。徐德言和乐昌公主一起回到江南，白头偕老。

## ◎李勣煮粥侍奉姐姐

李勣是唐代名将，在姐姐生病后，他亲自照料姐姐，为她烧火煮粥，有时刮来一阵风，锅底下的火苗会烧掉他的胡须。姐姐劝他说："仆人这么多，都可以照料我，你为何非要辛苦自己呢？"李勣回答说："不是因为没人煮粥我才去煮的，姐姐现在年纪大了，我也老了，就算想一直为姐姐烧火煮粥，又怎能办得到呢？"

## ◎张公艺以忍治家

唐代人张公艺以治家有方名垂青史。他的家族九辈同居，合家900人，内外礼让，和睦相处，展现了朴素和谐的家庭风貌，一时被传为美谈。麟德二年（665），唐高宗偕皇后武则天带领文武百官去泰山封禅，车驾经过张公艺的家乡寿张时，听说张氏九辈同居，历朝都有表彰，便慕名来到张公艺的家中。唐高宗问张公艺："你们如何做到九辈同居还能和睦相处啊？"张公艺拿来纸笔，写了100个"忍"字，并详细说明了"百忍"的具体内容：父子不忍失慈孝，兄弟不忍外人欺，妯娌不忍闹分居，婆媳不忍失孝心……高宗看后倍受感动，亲书"百忍义门"予以旌表，并赠绢百匹，以表彰他的家族。

## ◎唐代宗宽容驸马

汾阳王郭子仪的儿子郭暧，娶了唐代宗的女儿升平公主为妻。有一天，这对小夫妻发生了争吵。郭暧愤怒之下口不择言，对公主说："你不就仗着你父亲是天子吗？告诉你，你家的江山是我父亲保住的，我父亲只是不屑于做天子！"升平公主听后很生气，立即让人驾车，入宫向代宗告状，说郭暧大逆不道。代宗了解清楚情况后，对公主说："郭暧说的是实话，如果你阿翁真想做天子，天下还能是咱家的吗？"代宗又安慰劝说了女儿一番，让她回去了。郭子仪听说了这件事后，非常震恐，赶忙把儿子关了起来，自己入朝请求代宗降罪。代宗非但没有追究，还对郭子仪说："俗话说得好：'不痴不聋，当不好家长。'孩子们吵架时说的气话，哪能当真呢？"郭子仪回家后，痛打儿子数十大板。

## ◎李晟责女不孝敬婆婆

李晟是唐代名将，勇武绝伦，屡立战功，因功被封为西平郡王。李晟治家严明。有一次李晟做寿，女儿来为他祝寿。酒宴中，一个侍女来到女儿身旁耳语几句，女儿点了点头，退席而去，不久又回到了宴席上。李晟问女儿出了什么事，女儿回答："昨晚婆婆身体有些不适，我派婢女回去照顾了。"李晟训斥女儿说："我竟然生出你这样的女儿！作为媳妇，哪里有婆婆病了，自己不在身旁侍奉，反而继续为父亲祝寿的道理呢？"李晟催促着让女儿回家，自己随后也前去向亲家母问候，并为没有教育好女儿致歉。

## ◎唐宣宗责女不探望小叔

唐宣宗的长女万寿公主嫁给状元郑颢。有一次，郑颢的弟弟患了重病，宣宗派人前去探望。使臣回宫后，宣宗问女儿万寿公主在哪里，使臣回答说在慈恩寺看戏。宣宗听后非常生气，叹息道："我常抱怨士大夫家族不愿和皇室结亲，现在才知道原因。"于是，他立即派人召万寿公主进宫，却让公主站在石阶下，不肯相见。万寿公主看见宣宗这个样子十分害怕，哭着向宣宗请罪。宣宗责备她说："哪有小叔子生病，自己不去探望问候，反而还有心情去看戏消遣的道理？"万寿公主表示知错后，宣宗才让她回去。



## ◎郑义宗妻冒死护婆婆

唐代郑义宗的妻子卢氏出身范阳士族，曾读过文史典籍，嫁给郑义宗后侍奉公婆很孝顺。一天夜里，有个强盗拿着兵器抢劫郑家，仆人们都四处逃窜躲避，只有年老体弱的婆婆跑不动。卢氏害怕婆婆遇害，就挡在婆婆身前，差点被强盗打死。强盗离开后，人们问她当时为什么不害怕，卢氏回答说："人之所以与飞禽走兽不同，是因为讲究仁义。即便是乡邻遇到危险，我也会赶过去救援，难道能抛下自己的婆婆不管吗？如果婆婆不幸遇难，我也不愿独活。"婆婆对卢氏说："天寒地冻时，才知道松柏是最后凋谢的。经历过这件事后，我才真正了解你的心啊！"

## ◎吕蒙正不怨父亲

吕蒙正是北宋初年宰相。他的父亲吕龟图曾担任后周官员，官至起居郎。吕龟图有很多妾室，吕蒙正是他的嫡妻刘氏所生。当初，吕龟图与刘氏不和，把刘氏和吕蒙正一起赶出家门，致使母子俩孤苦无依，生活非常窘迫。吕蒙正后来考中进士，在朝中做官后不计前嫌，把父亲也接到家中一起居住。因为父母不愿意住在一起，吕蒙正就把他们分别安置在不同的房间，侍奉父母都十分周到。

## ◎王旦不对家人发怒

王旦是北宋初年名臣，为人宽厚，度量大。家人从没看到过他发脾气，便想测试一下他的度量，把锅底灰投到肉汤中给他喝，结果他只吃米饭。家人问他为什么不喝肉汤，他只是说："我今天忽然不想吃肉。"又有一天，家人在他的米饭里撒了点灰，他看到后说："我今天不想吃饭，可以端点粥来吃。"

## ◎王质嘱子照料堂叔

王质是北宋官员，生性纯孝，对宗族里的人都很好。他的伯父王旦的儿子王素，在王旦去世后被调到边关任职。王质为此吃不好睡不着，于是上书给皇帝说："臣的堂弟王素，家中有位生病的老母，而我已经没有父母需要奉养，请让我代替他去边关赴任。"皇帝没有同意。王质对自己的儿子说："你堂叔要赴任的地方在荒远的边塞，恐怕会有危险。你可以随他一同前往，路上相互有个照应，以便缓解我的担忧。"

## ◎司马光坚决不纳妾

司马光所生活的年代，士大夫一般都生活富裕，纳妾蓄妓成风。司马光却不好声色，只有夫人张氏与其相依相伴。司马光与张氏结婚多年，没有子嗣，张夫人十分着急，便背着丈夫买来一个美人，悄悄安置在卧室。谁知司马光并不理睬这位美人，整日到书房中看书。张夫人以为自己在家，丈夫不好意思，便叮嘱这位女子说："我先出门去了，你好好打扮一下，去书房侍奉吧。"这位女子便趁张夫人出门的时候，到书房找司马光。司马光看到她后很惊讶，对她说："夫人不在，你来我这里干什么？"说完，他就让这位女子离开了。张夫人终生没有生育，司马光便过继了自己哥哥的儿子司马康，作为自己的子嗣。

## ◎苏轼苏辙荣辱与共

苏轼和苏辙是北宋文学史上一对杰出的文学家，兄弟情谊之深厚世所罕见，早已被传为美谈。两人的性格大不相同，苏轼热情奔放，苏辙沉静内敛。少年游玩时，但凡有山可登，有水可浮，苏轼总是急忙撩起衣裳，先行一步；苏辙却要查看一番后，才不紧不慢地跟上。两人文风也不相同，苏轼文风豪放，苏辙文风典雅。

尽管性格不同，他们的兄弟之情却未受到丝毫影响。从早年的共同学习，到后来的宦海沉浮，他们总是相互宽慰，荣辱与共，共同进退。元丰二年（1079），苏轼被调为湖州知州。上任后，苏轼给神宗皇帝写了一封《湖州谢表》，以谢隆恩。不料新党借此大做文章，曲解其中文字，向皇帝弹劾苏轼衔怨怀怒，居心不良，诽谤朝政。苏轼因此被捕，押解回京受审。这就是历史上著名的“乌台诗案”，是一次险些导致苏轼丧命的政治危机。苏辙也受兄长牵连，日子非常不好过。但他丝毫没有抱怨，不仅将兄长的家人接到自己家中安顿，还上奏神宗皇帝，想学汉代“缇萦救父”的典故，自愿辞去官职为兄长赎罪。在狱中，苏轼一度认为自己难逃一死，于是写下两首绝命诗托人带给苏辙，其中有一句“与君世世为兄弟，更结人间未了因”，表达了盼望与苏辙的兄弟情能在生死轮回中永恒延续的心愿。后来，苏轼在多方力量的营救下得以出狱。苏辙前去迎接，看到哥哥后，他特地捂住自己的嘴巴，提醒苏轼引以为戒。此案了结后，苏轼被贬往黄州，苏辙被贬往江西。

## ◎朱寿昌弃官寻母

北宋人朱寿昌出身于官宦世家，他的生母刘氏身份低微，是父亲朱巽的一个小妾。朱寿昌三岁时，刘氏被迫离家出走，致使母子俩 50 年不得相见。朱寿昌走遍四方寻找母亲也没有找到。他很少喝酒吃肉，一提起往事就流泪。为了找到母亲，只要力所能及的，他没有不做的。熙宁初年，朱寿昌告别家人，辞掉官职进入秦地，下定决心说：“如果这次仍然找不到母亲，我就不回来了。”正所谓“精诚所至，金石为开”，朱寿昌最终在同州找到了母亲。当时刘氏已经 70 多岁了，离开朱家后嫁给了党氏，生有几个孩子。朱寿昌将他们全部迎回家中照顾。朱寿昌为了供养母亲，请求做河中府通判。几年后母亲去世，他继续尽心抚养同母异父的几个弟妹。

## ◎李清照赵明诚夫妻和谐

宋代女词人李清照是婉约派代表人物，有“千古第一才女”的美称。丈夫赵明诚是宋代著名金石学家、文物收藏家。夫妻俩都喜好读书藏书，李清照的记忆力又强，所以每次饭后一起烹茶时，就用比赛的方式决定饮茶先后顺序，相互问对方典故出自哪本书哪一卷的第几页第几行，答中者先喝。但是，赢的人往往会因为太过开心，反而将茶水洒自己一身。

## ◎原谷劝父孝祖父

原谷的祖父年纪大了，原谷的父母厌恶他，准备抛弃他。原谷当时15岁，规劝父亲说：“祖父生儿育女，一辈子勤劳节俭，怎么能因为他年老就抛弃他呢？这样做是违背道义的。”父亲不听从他的劝告，做了辆小推车，把原谷的祖父推着扔到了野外。原谷跟随在父亲后面，把抛弃祖父用的小推车收了回来。父亲感到奇怪，便问他：“你要这不吉利的东西干什么？”原谷回答说：“现在收起来，以后扔你们时就不用做新的了。”原谷的父亲听到后很害怕，于是把父亲接回来好好赡养。

## ◎管道昇拒夫纳妾

赵孟頫是元初著名书法家、画家、诗人，他的妻子管道昇是著名的才女，能书善画，精通诗词歌赋。当时，社会上名士纳妾成风，50岁的赵孟頫也不甘寂寞，想纳妾可又不便开口直言，便填了一首词给妻子示意：“我为学士，你做夫人，岂不闻陶学士有桃叶、桃根，苏学士有朝云、暮云？我便多娶几个吴姬越女，无过分。你年纪已过四旬，只管占住玉堂春。”管道昇读了以后很伤心，可又不便公开吵闹，便填写了一首《我侬词》回复丈夫：“你侬我侬，忒杀情多，情多处，热似火。把一块泥，捻一个你，塑一个我。将咱两个，一齐打破，用水调和。再捻一个你，再塑一个我。我泥中有你，你泥中有我。与你生同一个衾，死同一个椁。”她用这首词表达了对丈夫的深情和对拒绝丈夫纳妾的坚持。赵孟頫读了《我侬词》后，被深深打动了，从此再没有提过纳妾之事。

## ◎訾汝道孝顺友爱

訾汝道是元代人，为人十分孝顺。母亲病重时，他一直在母亲身旁侍奉，早晚都不离去。有一天，母亲避开旁人，把几枚金珠交给儿子，对他说：“孩子，你一向孝顺，家里也没有多余的财物。我一旦离世，这些金珠一定会被其他兄弟拿走的，你偷偷把它们藏起来，不要让你的兄弟们知道。”听到母亲这么说，訾汝道流着泪跪拜母亲，说：“父母亲起家艰难，现在家中田宅和牛羊也有不少，我只遗憾没能好好报答父母的大恩，怎么敢接受这些金珠呢？这不是加重我不孝的罪过吗？”他坚持不要。后来，訾汝道的母亲过世了，他的二弟打算分家，訾汝道就把肥沃的良田和好的住宅让给他。二弟过世后，他尽心抚育弟弟的孩子，视他们如己出。

## ◎郑濂兄弟争担罪责

郑濂是明代人，家族世代居住在一起不分家，绵延300年，人称“义门”“江南第一家”。当时，有人诬告郑家结交叛逆罪人，官吏前去抓捕，郑家兄弟六人争相要跟随官吏前去，最后由郑濂的弟弟郑湜前往。当时，郑濂正在京城，他赶去拦住弟弟说：“我是兄长，应该由我来承担罪责。”弟弟说：“哥哥年纪大了，还是我去申辩吧。”就这样，兄弟两人争相入狱。明太祖知道后说：“这样孝义的人，怎么会追随他人做大逆不道的事呢？”于是下旨宽恕了他们，并将郑湜提拔为左参议。

## ◎童贤母为人孝顺

童贤母姓罗，是宁海隐士童释卿的妻子。她举止端庄，有见识，为人厚道。罗氏13岁嫁到童家时，童释卿的祖母已高寿而父母都已年老，罗氏侍奉他们恭敬孝顺。童释卿的祖母手脚不能动弹，有时大小便失禁弄脏了床席，罗氏就亲自帮她清洗。喝水吃饭时，罗氏一定拿汤匙或筷子喂，始终没有懈怠。童释卿的祖母感激罗氏，常常暗中祝福她说：“无力报答这么好的孙媳妇，我深感痛心，但愿将来你的儿媳妇能像你一样孝顺啊！”

## ◎袁母对继子视如己出

袁了凡的母亲李氏，是袁了凡父亲袁参坡的第二任妻子。对于袁参坡与第一任妻子生的两个儿子袁衷、袁襄，李氏也能视如己出，天气还没冷就想着给他们做衣服，还没饿就想着给他们做吃的。亲友有馈赠的饮食，一定留下来等他们吃。她也常教育自己的儿子袁裳尊重两位兄长。有一年夏天，天刚放晴，袁参坡让几个儿子赋诗。袁裳先写好诗，得到父亲的称赞。这时正巧有人送来葛布，父亲便让裁缝单独为袁裳做一套衣服作为奖励。李氏知道这件事后，对袁裳说："两位兄长还没穿上新衣服，你怎么能先穿上呢？而且凭借着出色的文字，穿上了好看的衣服，两位兄长的脸面往哪里放呢？"说完，她就将袁裳的新衣脱下藏了起来。等到给袁衷、袁襄也做了同样的衣服后，她才把衣服拿出来让袁裳穿。袁襄的妻子曾经哭着说："就是亲生母亲，也不过如此啊！"以心换心，袁衷、袁襄对李氏也很孝顺，妻子娘家拿来的东西，哪怕只是一点，他们也都先送给李氏。

## ◎黄士俊为兄放弃会试

黄士俊是明代官员。万历三十一年（1603），黄士俊在广东乡试中取得第一名。在赴京会试途中，他听到兄长病重的消息，感叹道："我怎么能急切地追求功名，却不顾及兄长的病呢？"于是，他毅然放弃了会试机会，回家为兄长寻医问药，尽心调治。虽然兄长最终病重去世，但黄士俊对兄长的关爱之情令人感动。万历三十四年（1606），黄士俊再度赴京参加会试，榜上有名，并在次年的殿试中考中状元。

# 师 友

## 尊师重教，以友辅仁

韩愈说：“师者，所以传道受业解惑也。”只有尊师才能重教，只有重教才能重视学习。友者，志同道合，有善相勉，有过相规，有难相救。只有慎交友，交益友，自身才能得到提高。古人认识到良师益友对于个人成长的重要性，认为成学莫如尊师，保家莫如择友，因此常常为子孙择良师而教，教导子孙择益友而处。

## ◎孟僖子为子择良师

孟僖子是春秋时期鲁国贵族，在陪同鲁昭公出使楚国时，因为不会相礼而感到十分惭愧。孟僖子临终前召集他的家臣说：“礼仪是做人的根本。一个人不懂礼仪，就不能自立。我们鲁国有一位通达事理、德行高尚的人，他的名字叫孔丘。孔丘是圣人的后代，他的祖先是宋国贵族，十世祖弗父何原本可以继位为宋国国君，却让位给他的弟弟鲋祀，甘居为公卿。他的七世祖正考父曾连续辅佐宋戴公、宋武公、宋宣公三位君主，官位做到上卿。但是官位越高，正考父就越是谦恭有礼。所以他的鼎铭说：‘第一次接受册命时欠身前倾，第二次接受册命时弯腰鞠躬，第三次接受册命时俯身如弓。顺着墙根小步快走，也没有谁敢把我欺侮。用这件大鼎煮米，用这件大鼎熬粥，以此来度日糊口。’他的恭敬就像这样。臧孙纥曾说：‘圣人的后代，即使不居于国君的位置，也一定会有通达事理、明德辨义的人出现。’这句话恐怕会落在孔丘身上吧！我死后，一定要把两个儿子托付给孔丘，让他们侍奉他，学习礼仪，以稳定他们的地位。”后来，他的两个儿子孟懿子和南宫敬叔都把孔子当作老师来侍奉。

## ◎敬姜教子择良友

敬姜是春秋时期鲁国大夫公父文伯的母亲。有一天，在外地求学的公父文伯回家看望母亲。得知儿子回来，敬姜很高兴。跟随公父文伯一起回来的，还有他的几个朋友。敬姜看到儿子上堂屋台阶时，朋友们都不敢和他并肩而行，总是自觉地尾随其后，手里帮他拿着宝剑，还俯下身为他整理鞋子，就像侍奉父兄一样。敬姜观察儿子的神情，看到他一副心安理得、得意洋洋，自以为德才兼备、很了不起的样子。敬姜感到很担忧，便把儿子叫到跟前，责备他说："过去周武王退朝回来，要更换鞋袜，看旁边没有人帮忙，便俯下身子自己脱鞋袜，所以他能成就王道。齐桓公身边有四五位敢于进谏的大臣，每天为他指出过失的有三十多人，所以他能成就霸业。周公吃饭时曾多次吐出嘴里的食物，洗头时曾多次停下来握着湿散的头发，这样做是为了能及时接待来访的贤士。他亲自携带礼物拜访七十多位居住在陋巷中的贤士，所以能保全周朝。这三人身份如此尊贵，尚且能够礼贤下士。他们所交往的人都是胜过他们的人，因此在不知不觉中取得了进步。现在你小小年纪，地位低下，所交往的人都是仆役之类的人。你每天没有长进，由此就可以知道了。"公父文伯听了母亲的训诫后，向母亲承认了错误，从此选择严师贤友作为自己的交往对象，与他交往的人都是年高而有德行的人。每次拜访他们时，公父文伯都会整理好自己的衣襟，卷起袖子，弯曲手臂，亲自奉进食物。敬姜看到儿子这样礼待贤德的朋友，欣慰地说道："我的儿子成才了。"

## ◎孟孙氏为子择仁师

春秋时期，鲁国贵族孟孙氏猎得了一只小鹿，便让秦西巴把小鹿带回去，准备杀了吃肉。秦西巴在回去的路上，发现一只母鹿一直跟着他，还不时地啼叫，叫声很悲伤。秦西巴心有不忍，便把小鹿还给了母鹿。孟孙氏得知后生气地说："这是我打到的一只小鹿，你为什么放了它？"秦西巴说："我实在不忍心。"孟孙氏就把秦西巴赶走了。过了一年，孟孙氏又召回了秦西巴，让他担任自己儿子的老师。孟孙氏身边的人很不解，问道："秦西巴有罪，为什么还让他担任您儿子的老师呢？"孟孙氏回答说："秦西巴连一头小鹿都不忍心伤害，又怎么会亏待我的儿子呢？"



## ◎朱晖荐友人之子为官

朱晖是东汉官员，待友真诚，与同郡人陈揖交好。陈揖不幸早亡，留下了一个遗腹子陈友，朱晖对他多加照顾。南阳太守桓虞十分仰慕朱晖的为人，征召朱晖的儿子朱骈做官。朱晖推辞掉了对儿子的任命，转而推荐了陈友。桓虞叹服朱晖对朋友的情谊，于是召陈友去做官。

## ◎太史慈母教子报友

太史慈是东汉末年东吴名将，弓马娴熟，箭法精良。北海相孔融听闻太史慈的声名，很赏识他，多次派人看望他的母亲，并送去许多财物。后来，孔融被管亥率领的黄巾军围困于都昌，形势危急。这时，太史慈从辽东回来，他的母亲对他说："虽然你没有见过孔融，但自从你走后，他一直对我多加体恤，胜过故交老友。现在他被贼兵围困，你应当赶快去救他。"太史慈便赶到都昌，等到夜间黄巾军防备松懈的时候去见了孔融。孔融想派人向平原相刘备求援，太史慈自告奋勇请求出城求救。孔融说："如今贼兵包围得十分严密，大家都说很难出去。你的勇气可嘉，但突围出去实在困难啊！"太史慈说："过去我在辽东避难时，多亏您费心照顾我的母亲。母亲感念您的恩情，让我来救您于危难之中。她认为我有可取之处，来了以后一定能帮上您的忙。现在大家都说很难出去求援，我也说没办法出去，这难道是对您照顾我母亲的报答吗？这也不符合我母亲派我来的心意啊！现在事情紧急，希望您别再犹豫不决了。”孔融同意了他的请求。太史慈凭借自己的计谋和勇武，终于闯出包围圈，见到了刘备。刘备立即发精兵3000人，跟随太史慈去救援孔融。围城的黄巾军听说救兵赶到，很快就解除包围逃走了。

## ◎刘廙教弟远损友

刘廙是汉末魏初名士，起初随兄长刘望之投在荆州牧刘表门下，后因兄长被刘表杀害而投奔曹操，很受曹操和其子曹丕的器重。刘伟是刘廙的弟弟，与图谋叛曹的魏讽交往密切。刘廙劝告弟弟说：“交友的意义，在于得到贤德之人的帮助，因此交友必须谨慎。如今一些人交朋友，常常不仔细选择，甚至结党营私，这已经违背了圣人有关交友的主张，不符合用朋友来帮助修养仁德的本意。我看魏讽这个人，不修品行，专门拉帮结派，华而不实，是个沽名钓誉的人，你一定要仔细考虑，别再和他来往了。”刘伟不肯听从。后来，魏讽在邺城叛乱，刘伟也参与其中，事败后被处死。刘廙也受到牵连，但最终被曹操赦免，并提拔为丞相仓曹属。

## ◎孟仁母缝制大被

孟仁是三国时期吴国官员。他幼年丧父，在母亲的抚育下长大。

为把孟仁培养成才，孟母在孟仁很小的时候，就把他送到远离家乡的南阳，跟随学者李肃学习。孟母特地为儿子做了一床又厚又大的被子，让孟仁随身带走。一般的被子是四幅或六幅宽，而孟仁的被子足有十二幅那么宽，比一般的被子大很多。有人对此感到很奇怪，问她为什么做得这么大。孟母说："我儿子没有什么优秀的品行才能来结交朋友。在外求学的人，大多家境贫寒，我这床被子很大，晚上他们研究学问晚了可以一起御寒。能和那些品学兼优的同伴同床而卧，我儿子一定能从中受益。"

## ◎山涛妻善于识友

山涛是魏晋时期名士，"竹林七贤"之一。山涛喜好老庄学说，与嵇康、阮籍等人交游密切。山涛的妻子觉得丈夫和这两个人的交往非比寻常，就问他怎么回事。山涛说："眼下只有他们才可以做我的朋友啊！"妻子说："从前僖负羁的妻子也曾亲自观察过晋文公的随从狐偃、赵衰，我能看看你的朋友吗？"有一天，嵇康和阮籍来拜访山涛，山涛的妻子让山涛留他们过夜，给他们准备酒肉。晚上，她越过墙去观察这两个人，看得太入神，不知不觉天就亮了。嵇康和阮籍离开后，山涛问妻子："你觉得我这两个朋友怎么样？"妻子说："你的才情与他们相差太远，但可以凭借见识气度和他们交朋友。"山涛点了点头说："他们也说我的气度胜过他们。"

## ◎韩伯母为子择友

韩伯是东晋官员、学者。在他担任丹阳尹时，母亲殷氏住在郡府中。当时，吴坦之和吴隐之兄弟俩住在丹阳郡官署的后面。他们的母亲童夫人去世后，兄弟俩悲痛不已，路人也因此落泪。殷氏听到吴家兄弟俩的哭声，感到很哀伤。她对儿子说：“你以后如果做了选官，应该好好照顾这两兄弟。”韩伯便和吴坦之、吴隐之兄弟结成了知己。后来，韩伯果然被任命为吏部尚书。这时吴坦之已经去世，韩伯便推荐吴隐之为辅国功曹。吴隐之在任期间清正廉洁，政绩突出，深受百姓爱戴。

## ◎陶侃母截发延宾

东晋名将陶侃幼年丧父，家境十分贫寒。他的母亲湛氏含辛茹苦，靠纺织维持生计，供陶侃读书。陶母常告诫儿子要结交德行才能比自己强的朋友。陶侃的同郡人范逵很有名望，被举为孝廉。一次，他投宿到陶侃家，正逢连日冰雪，陶侃家中什么也没有，而范逵的仆从和马匹众多，陶侃为无法招待客人而心生愧疚。陶母对儿子说：“你只管去外面接待客人，其他的事我自有办法。”陶母把睡觉用的草垫子剁了做草料，来喂范逵的马。她头发很长，拖到地上，便剪下头发做成两条假发，用卖头发的钱置办菜肴，使范逵主仆受到了周到的款待。范逵得知实情后十分感慨，说道：“没有这样的母亲，生不出这样的儿子。”

## ◎王导深负良友

东晋丞相王导和名士周顗（字伯仁）是一对好友。王导的堂兄王敦起兵作乱，使王氏一族受到牵连。于是，王导一大早就带着王氏子弟跪在宫门前向晋元帝请罪。当时，周顗担任护军将军，要进宫面见元帝。王导希望好友替自己向元帝求情，就叫住周顗说："伯仁，我王家一百多口人的性命，都托付给你了。"周顗就像没听见一样，径直走进宫中，没有回头看王导一眼。见到元帝后，周顗极力向元帝证明王导忠心可鉴，元帝也认同周顗的话。周顗喜欢喝酒，经常在宫里喝醉了才出来，这次也是如此。他出来的时候，王导等人还跪在宫门前，看周顗出来后又叫他。周顗还是没跟他说话，只是对左右的随从说："今年杀掉作乱的贼子，换个斗大的金印放到衣袖里。"周顗回到家后，又向元帝上了一封奏折，用恳切的言辞替王导求情。王导见周顗不理睬自己，以为他不肯相救，从此心中怨恨周顗。后来，王敦攻入建康，控制了朝政大权，他问王导："周顗和戴渊是南北两大才子，司空、司马、司寇这样的官职才配得上他们吧？"王导不说话。王敦又问："如果不让他们做三司，也应该能担任尚书令、尚书仆射这样的官职吧？"王导还是没有说话。王敦便说："如果这样都不行，那就应该杀掉他们。"王导仍旧没有说话。王敦便命人逮捕并杀死了周顗和戴渊。后来，王导在整理中书省文件时，发现了周顗营救自己的奏章，奏章中的言辞十分诚恳。王导拿着周顗的奏章，想到自己沉默不语导致周顗丧命，痛哭流涕。回到家后，他对儿子们说："我虽然没有直接杀死伯仁，他却因为我的沉默而被杀。即便到了地府之中，我也愧对这位好友啊！"

## ◎谢安妻责夫交友不慎

东晋名臣谢安的妻子刘氏是东晋名士刘惔的妹妹。长乐侯孙绰和兄长孙统都是谢安的朋友。有一天，两人到谢安家里住宿，言谈非常空洞、杂乱，刘氏在隔壁听到了他们的谈话。第二天，谢安回到内室，问刘氏昨晚的客人怎么样。刘氏回答说：“亡兄家里从来没有过这样的宾客。”谢安听后感到很羞愧。

## ◎何叔度教子识友

何尚之是南北朝时期刘宋大臣，金紫光禄大夫何叔度之子。有一年，何尚之升任吏部郎后回家省亲，满朝文武官员都为他送行。回到家中，父亲问他：“听说你这次回家，满朝文武官员都为你送行，大概有多少人呢？”何尚之回答说：“大概有几百人。”父亲笑着说：“他们送别的不过是吏部郎罢了，与你没有任何关系。晋朝的殷浩当初担任豫章太守，回家探望父母时，为他送行的人很多。等到他被废为平民、流放东阳郡时，船停在江边数日，亲朋好友中没有一个来送他的。”

## ◎王珪母喜儿得良友

王珪是唐初四大名相之一，性情稳重恬静，志向深沉，不慕名利，严于交友。当初在终南山隐居时，王珪和房玄龄、杜如晦结为好友。有一次，他的母亲李氏对他说：“我儿终当显贵，但不知跟你交往的是什么样的人，你应当邀请他们到家里来，让母亲看看。”正巧这时房玄龄和杜如晦前来拜访，李氏暗中观察后大吃一惊，命令备好酒席，让他们畅饮了一整天。她欣喜地说：“这两位客人都是辅佐君王的人才，你将来一定能够显贵！”



## ◎唐太宗教子尊师

唐太宗是尊师重教的典范，他为皇子们选择的老师都是德高望重、学识渊博的人。他认为师礼宜尊，只有让老师们挺直腰杆教书，皇子们才有效法的榜样。贞观三年（629），太子的老师李纲因患脚疾，不能行走。太宗知道后，赐给他一辆代步的车辇，命令侍卫抬他进入东宫讲学，还下令让太子亲自恭迎老师，以显示对老师的敬重。贞观十一年（637），太宗任命个性刚直、为人忠孝的礼部尚书王珪为四皇子魏王的老师。他特意派人告诉魏王：“以后你每次见到老师，就如同见到我一样，要倍加尊敬，不得有所懈怠。”贞观十七年（643），太宗下诏，让人编撰太子接待三师的礼仪制度，规定太子要走出殿门迎接老师，先礼拜三师，然后三师再答拜太子；每次过门时，三师在前，太子在后；三师坐下后，太子才能坐下；太子写给三师的书信，开头要写“惶恐”，末尾要写“惶恐再拜”。太宗制定这样严格的礼节规定，主要是为了教导太子尊师重教。

## ◎侯敏妻劝夫远国贼

武则天当朝时，太仆卿来俊臣权势显赫，专横跋扈，深为朝臣不满，而上林令侯敏却偏偏与他走得很近。侯敏的妻子董氏劝他说：“来俊臣是国贼，他的权势不会长久。一旦他失势，他的同伙也会受到制裁。你应当远离他。”侯敏听信妻子的话，渐渐疏远了来俊臣。

来俊臣察觉后很愤怒，将侯敏逐出朝廷，外放为偏远地区的县令。来俊臣被杀后，他的同党都遭到流放。侯敏因为早早就与他疏远，还被排挤出京城，在这场灾祸中得以幸免。

## ◎吕元膺教子侄远损友

吕元膺是唐代大臣，官至吏部侍郎。他临终时对子侄们说：“你们一定要慎重交友。记得我做东都留守的时候，有个朋友和我一起下棋。在此期间文件逐渐多了起来，我就停棋拿笔批阅。他以为我一定顾不上棋局，便偷偷换了一步棋来使自己取胜。这件小事本来也不值得介意，只是他的这种心机让人害怕，所以我借口别的事让他离开了。我几次想说这件事，又怕影响到那个人，但一直不说，又担心你们毁在交友这件事上，所以我现在告诉你们，希望你们引以为戒。”

## ◎宋太宗信任严师

太平兴国八年（983），宋太宗任命大臣姚坦做五皇子益王赵元杰的老师。益王年少，喜欢享乐游玩，甚至有一次花费百万资金，在府中修建了一座假山，建成后还邀请宾客和幕僚共同饮酒欣赏，只有姚坦低着头不看。益王问姚坦原因，姚坦说：“这哪里是一座假山，分明是一座血山。”益王大惊失色，问姚坦为什么这么说，姚坦回答说：“我在乡下时看到州县官员向百姓催征赋税，逮捕平民一家，送到县衙里鞭打得满身是血。这座假山就是征收农民的赋税后建成的，难道不是血山吗？”当时，宋太宗也在修建假山，听到这件事后就下令毁掉了假山，停止建造。益王一有过失，姚坦就直言劝谏，这让益王很反感。益王的手下人便给他出主意，让他连续一个多月称病不上朝。太宗很担心儿子的身体，便召见益王的乳母询问详情。乳母回答说："益王本来没有病，都是因为姚坦管教太过严厉，使益王不能自由活动，才闷闷不乐生了病。"太宗听乳母说完很生气，斥责道："朕为益王选择良师，是为了让益王修身向善，他却不能接受老师的规劝，还装病不上朝，想让我赶走正直的老师，好为所欲为，我是绝不会那样做的。况且益王还年轻，都是你们这些人教他用这种不正当的手段！"他命人将乳母带下去，痛打了数十杖。太宗还亲自召见姚坦，安慰他说："你在王府之中一直正直做事，这才招来小人的嫉恨，实在是不容易啊！你只管坚持正理，不要担心小人谗言离间，我一定不会听信谗言的。"

## ◎欧阳修不荐好友为官

欧阳修和诗人梅尧臣是好友，但欧阳修担任参知政事时，却不举荐梅尧臣做大官。史学家范冲想不通这一点，便问父亲范祖禹："欧阳公和梅尧臣私交那么好，为什么从来不推荐梅尧臣做官呢？"范祖禹回答道："贤德的人，从不把朝廷的官爵当做私人物品赠送给朋友。"范冲听后对欧阳修赞叹不已。

## ◎苏轼妻善于识友

苏轼为人旷达，待人接物比较粗疏。苏轼在外和朋友们说话时，他的妻子王弗常常站在屏风后面仔细听。等客人走后，王弗就会告诉苏轼这个人是否值得交往。有一次，王弗对苏轼说："这个人说话立场摇摆不定，只会顺着你的意思说，跟他说话根本就是浪费时间！"还有一次，一个与苏轼初次见面的人，言谈之中显得与苏轼非常亲密。王弗就告诫苏轼："这个人不能长久做朋友。他与你结交得快，将来离开你也快。"不久，她的看法果然被证实了。

## ◎朱熹父为儿择良师

南宋理学家朱熹的父亲朱松临终前，为了给朱熹母子提供可靠的生活保障，将朱熹托付给自己的朋友刘子羽、刘子翚、刘勉之等人。正是这一选择，让少年失怙的朱熹有了生活保障，摆脱了困于生计的后顾之忧；在学问上学有所师，进入求学问道的正途。朱熹就读于刘氏家塾，向三位先生学习，全面而正规地接受了从小学到大学的儒学教育，而且在三位先生的引导下，开始系统地研习"二程"理学。朱熹不负父亲的一片苦心，在胡宪、刘勉之、刘子翚等人的照顾和培养下，考中进士，后来成为一代儒宗。

## ◎朱熹示子择友标准

朱熹曾送长子朱塾到千里之外的婺州金华求学，让他拜自己的好友吕祖谦为师。临别前，他叮嘱儿子说："交友要慎重而有选择，即使是朋友也不能没有亲疏之别。在如何交友的问题上，你可以多向老师请教。一般来说，待人忠诚、能指出自己过失的朋友是益友。那些阿谀奉承、出言轻薄、傲慢放荡、引诱自己做坏事的朋友是损友。根据这个标准去选择朋友，也只能看清五至七分，再进一步向老师请教，请他帮忙鉴别，就不会误交损友了。但我担心你志趣低下，不能约束好自己，不愿意接受别人正确的意见。如果是这样的话，你就算不想疏远对你有益的朋友，也会不自觉地疏远了；就算不想亲近对你有害的朋友，也会日益亲近了。所以，你需要严格约束自己，改正自己的缺点，不要染上坏习惯、与小人为伍。否则，即使贤良的师长在你的旁边，也无法改变你的处境。看到别人有好的言行，就向别人学习。看到别人写的好文章，就反复品读和探讨，争取达到与他同样的水平。向别人学习，不要管他年纪大还是小，只要有值得你学习的地方，就要虚心请教。”

## ◎马皇后劝夫尊儿师

明太祖朱元璋称帝后，十分重视对皇子的教育，命人在宫中修建了大本堂，取古今图籍存放其中，作为皇子们学习的场所。同时，他还聘请四方名儒到堂中教授皇子。朱元璋听闻隐士李希颜品学俱佳，就亲自写了诏书，召他来京做皇子们的老师。李希颜执教严厉，有一天，一位小皇子不听教诲，李希颜一时生气，就用戒尺打了一下他的额头。朱元璋见了很心疼，用手抚摸着小皇子的额头，大怒之下准备治李希颜的罪。这时，马皇后在一旁劝解说：“师傅以圣人之道来教导我们的孩子，怎么能对师傅发怒呢？”朱元璋觉得马皇后说得有道理，不仅没有惩罚李希颜，反而授予他左春坊右赞善一职。

宋濂是太子朱标的老师，深得太子敬重。宋濂的长孙宋慎被牵扯进胡惟庸案中，导致宋濂一家遭祸。朱元璋想处死宋濂，马皇后劝谏朱元璋道：“普通百姓为孩子请来老师，尚且一生都以师礼相待，何况天子之家呢？况且宋濂在家中养老，一定不了解实情。”朱元璋不肯听。正好赶上马皇后侍奉朱元璋吃饭，马皇后一点酒肉也不吃。朱元璋感到很奇怪，问马皇后为何如此。马皇后说：“我在为宋先生做福事。”朱元璋内心也很凄然，便放下筷子站了起来，第二天就赦免了宋濂的死罪，把他安置到茂州。

## ◎赵洞门教子识良友

清代官员赵洞门担任高官时，门前来往的车马很多，前来讨好他的人排满了街道。等到他被罢官回家、离开京城时，为他送行的人很少。不久，他又被朝廷征召起用，之前与他断绝往来的人又纷纷前来拜访他。唯独吴园光明磊落，不因赵洞门的地位变化而改变对他的态度。他每次辞别赵府，赵洞门都会目送他离开，并回头跟儿子赵友沂说：“等我死后，只有这个人会来帮助我们家。”没过多久，赵友沂早死，赵洞门无法承受丧子之痛，死在了旅馆。他的两个孙子无依无靠，吴园哀怜他们，给予他们帮助。他把赵洞门的小孙子当成儿子一样抚养，并把自己的爱女许配给他。

## ◎王渔洋妻卖镯助友

清初文学家王渔洋在扬州任推官期间，从不接受贿赂，尽管他的俸禄有限，还要照顾随自己居住的父母妻儿。王渔洋的朋友许天玉当时侨居扬州，向王渔洋借资进京会试，无奈王渔洋囊中羞涩。王渔洋的夫人就脱下腕上的手镯交给王渔洋，让他交给朋友救急。王渔洋在后来写的《悼亡诗》里这样回忆此事：“一官长物吾何有？却捐闺中缠臂金。”



## ◎李拔母当簪为子择友

李拔是清代官员，为官期间勤政爱民，清正廉洁，政绩斐然。李拔出身贫寒，他的祖父和父亲都是乡间的教书先生。李拔的父亲整日忙于生计，没有时间照顾家庭，便由妻子周氏教导李拔。周氏是塾师的女儿，为人贤惠，识文断字。她在操持家务的同时，亲自教李拔读书识字。李拔曾想放弃学业，去打工赚钱贴补家用。周氏教导他说：“古人在穷困和不如意时会更加注重磨砺自己的操守，你怎么可以因为饥寒所迫，就放弃自己平生的志向呢？”这坚定了李拔继续学习的决心，但因为家境贫寒，他没有办法求得名师指点。周氏怕耽误儿子的前途，认为即便没有良师，若能为儿子寻得良友，也有助于儿子学业品行的精进，便挑选街坊邻里中品学兼优的学生与儿子会课。她典当了自己的发簪，用得来的钱招待儿子的学友。李拔明白母亲的良苦用心，更加发奋读书，终于学有所成。